外国人看中国 我的中国观

潮涌之江

中国发展看"浙"里

[英]大卫·弗格森（David W. Ferguson）著

外文出版社
FOREIGN LANGUAGES PRESS

CIPG
China Foreign Languages Publishing Administration
中国外文出版发行事业局

潮涌之江

三潭印月

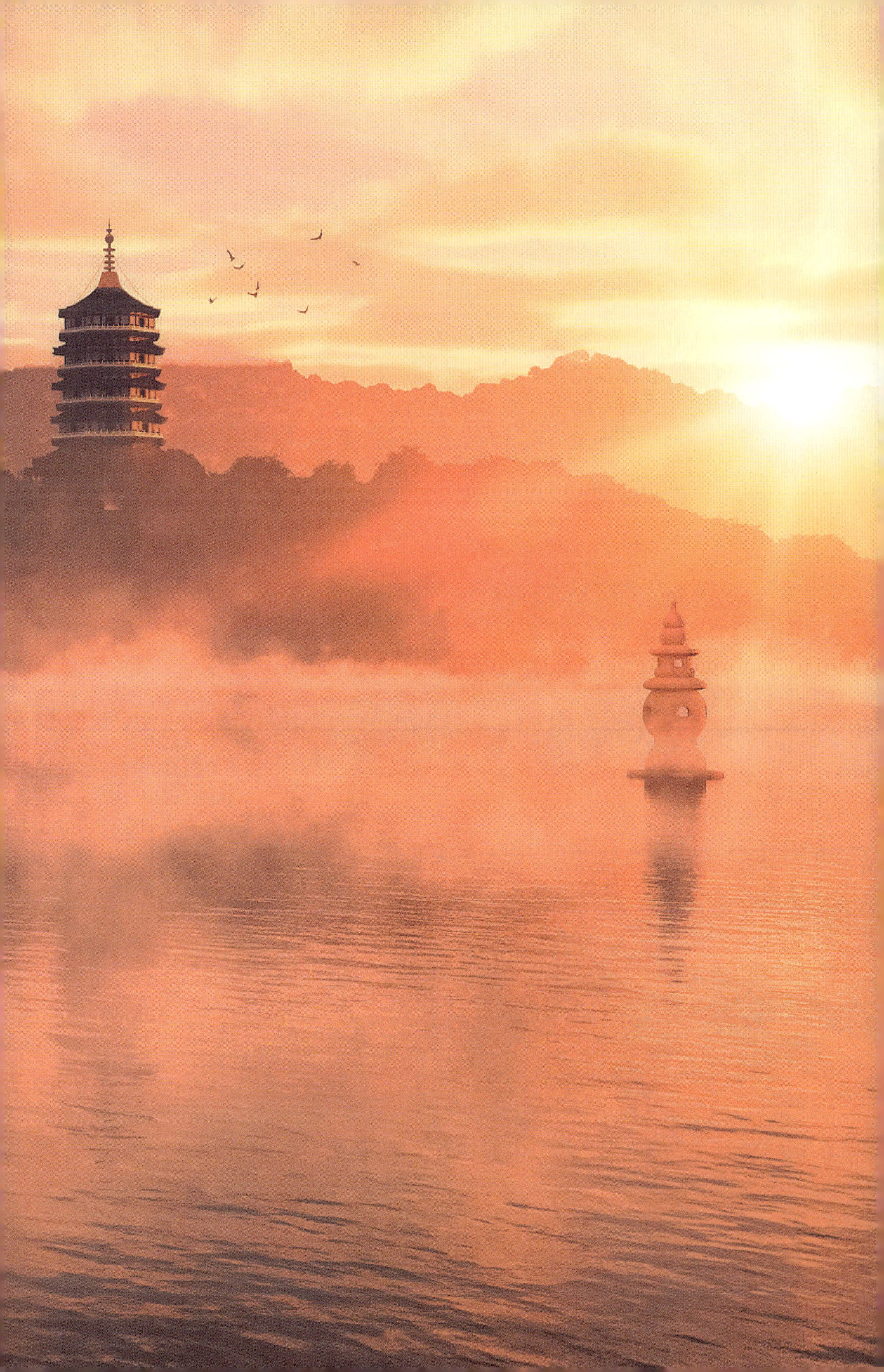

钱江新城

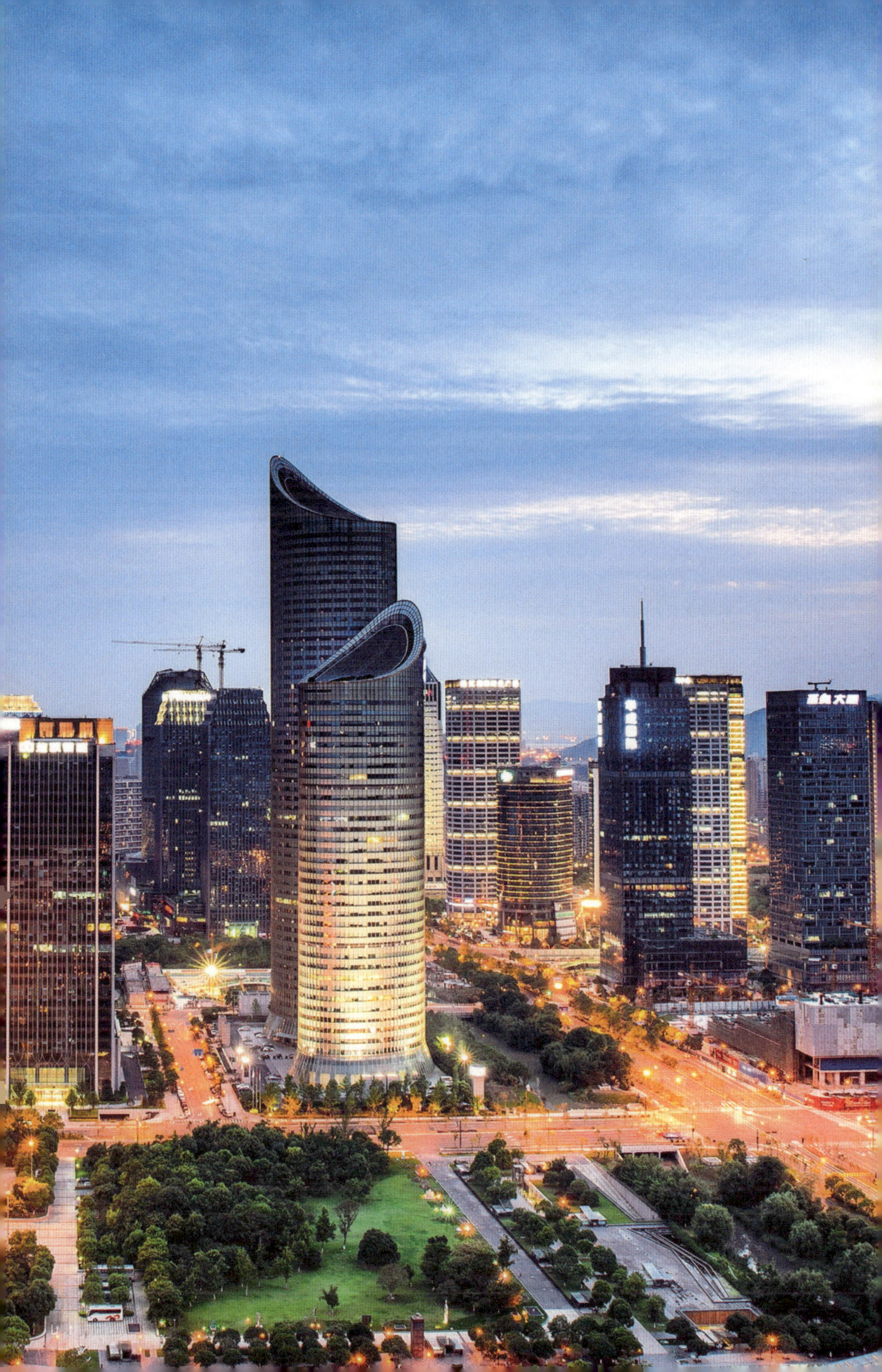

前言

2022年底和2023年初，我结合自己在甘肃省的经历和体验，研究了中国的扶贫和乡村振兴战略，继而撰写并出版了一本与此有关的书[1]。甘肃曾经是中国最贫穷的省份之一，但在过去的十年里，该省发生了根本性的变化。2023年夏天，我应邀撰写一本关于浙江省发展经验的新书。浙江同样经历了翻天覆地的变化，尤其是在进入21世纪之后的这20多年里。将这两本书称为姊妹篇并不十分准确，但它们确实提供了两个截然不同又有着各自特点的视角，展示了自1978年邓小平开启改革开放大业以来，中国经历了哪些变化，又是如何成长和发展的。

出于自身的历史、文化和社会原因（本书中我将尝试去了解探究这些原因），数个世纪以来，浙江一直是一个充满活力的创业中心，浙江人民不畏艰难前往中国各地乃至更广阔的世界各地寻找发展机会。因此，自1949年毛泽东主席在天安门城楼宣布中华人民共和国成立以来，浙江省在经济发展方面一直是中国的先驱省份之一。

2021年是中国共产党成立100周年。这一年，中国已经实现了第一个百年奋斗目标，全面建成小康社会，让全体人民摆脱贫困并过上体面殷实的生活。为了实现这一目标，类似甘肃这样的西部省份，经过十年的艰苦奋斗，解决了普遍贫困的问题；而在浙江等较为富裕的省份，解决的更多的是少数地区仍然存在的贫困问题。

中国正在努力实现第二个百年奋斗目标，即到2049年中华人民共和国成立100年时，建成富强民主文明和谐美丽的社会主义现代化强国。浙江在实现这些目标的道路上已经走在了前列。

在我看来，最重要的是其中所包涵的"文化先进性"。这能够保证中国在实现物质繁荣之后，不像西方发达国家那样经历社会和文化上的衰落——这种衰落会导致一个国家的地位和信心迅速下降。伴随物质繁荣而来的，应

---

[1] ［英］大卫·弗格森：《从贫困到富饶：甘肃美丽乡村蜕变记》，外文出版社2022年版。

该是人民精神的提升，而非堕落和庸俗化。这一点在浙江表现得非常明显。在那里，政府正在尽一切努力鼓励各个村庄发现并发挥自身的优势和潜力，以帮助居民成长和发展。本书介绍了大量真实案例来展示这一过程是如何运作的。

我对甘肃和浙江的比较，不应被解读为对甘肃的批评，也不应被解读为对其人民和政府所做努力的批评，恰恰相反，甘肃的努力是非常值得赞扬的。我之所以要将两者拿来比较，目的是向读者介绍在中国朝着第二个百年奋斗目标迈进的过程中，类似浙江这样的先锋省份如何可以成为中国其他地区的灯塔和灵感之源。

杭州是中国最美丽的城市之一，也是建城时间最早的城市之一，有着十分悠久的历史。杭州也是浙江省的省会。在本书中，我没有对杭州作过多的介绍，不是因为它不重要，而是因为杭州有太多值得大书特书的东西，而我所能给予的篇幅和时间又太少。此外，关于杭州的资料已经非常丰富。不过，在我此行第一次访问浙江期间，杭州是我各项活动的基地；在我逗留杭州期间，我到过这座城市的许多地方，并进行了一系列的活动。

我曾多次造访杭州，所以于我而言，闻名天下的西湖并不陌生。但在这次访问之旅中，我又认识和体验了一些新的东西。第一天，我去了桥西历史文化街区，这是我之前未曾到过的一个地方。其所在的区域属于杭州的老城区，位于运河岸边，它在经历了改建之后，成为一条以餐饮和购物为主的仿古商业街，洋溢着浓厚的历史气息；里面有很多有趣的东西，包括这座城市有史以来第一盏以电力为能源的路灯。我还看到一幅十分有趣的古代地图，它显示京杭大运河从杭州一路向北直达北京。

在杭州，我参观了一个关于"八八战略"的大型展览，它深入浅出、简明扼要地介绍了与此有关的内容；我还参观了一座大型的木质建筑，它是座综合建筑，其中包括博物馆、展览中心和一些商铺。对于任何对中式家具、木工手艺或木结构建筑感兴趣的人来说，这是一个必看景点，仔细参观下来恐怕需要半天或更长的时间。在许多中国古代的大型木结构建筑中（包括故宫博物院在内），工匠往往会使用错综复杂的木质构件来实现整体连接，整个建筑完全不使用铁钉。通过这座建筑及其中的众多展品，你可以看到工匠们是如何做到这一点的。

我的杭州之行恰逢这座城市在举办亚运会和亚残运会，我很幸运地被邀请参加亚残运会的开幕式，并参观了巨大的赛事媒体中心。正如你所期待的那样，亚残运会的开幕式非常壮观，中国举办此类活动的水平已处于世界领先地位。我还在西湖观看了《最忆是杭州》实景演出，这是为配合亚运会的举行而特别策划的。创作者以一种奇幻的形式将音乐和舞蹈结合在一起，歌手和舞者在没入湖面的舞台上表演，所以演员们似乎是在水面上行走，场面美轮美奂。

我还参观了位于西湖湖畔的中国茶叶博物馆。这个地区是中国最有名的茶叶之一——西湖龙井茶的产地。这个建筑群由一座博物馆和一个展览中心组成，它们介绍了茶的历史，并提供了许多关于中国茶文化的背景信息。茶叶博物馆还拥有一片面积相当广阔的花园和茶园，访客可以一站式地近距离了解茶叶是如何种植、收获和加工的。

我有两次浙江之行的终点都是杭州，并从那里返回北京。在修建一新、熙熙攘攘的车站，我观察每一个来往这座城市的人，或为工作而行色匆匆，或为旅行而面带春风，他们书写了这个城市的充实、包容与外向。

许多人为这本书的编写和出版提供了帮助。来自浙江的朱昱炫、肖艳艳、我的译员杨方璇和本书编辑祝晓涵，这四位女士在我的浙江之行和图书撰写过程中提供了无私的帮助，杭州、宁波、湖州、衢州、台州、义乌等地许多朋友们也提供大力支持，在此一并表示感谢。

大卫·弗格森
2023年12月于北京

导语　浙江——中国发展的新视野　　　　　　　　1

第一章　民营经济兴则浙江兴　　　　　　　　　　15
吉利：知名汽车品牌的全球化进程　　　　　　　　17
阿里巴巴：线上服务最前沿　　　　　　　　　　　26
义乌：一个全球性市场现象背后的秘密　　　　　　33
香满亭：产品与品牌的齐头并进　　　　　　　　　46
阿立果蔬：收获机遇　　　　　　　　　　　　　　52

第二章　穿山跨海走出去　　　　　　　　　　　　59
宁波舟山港：浙江海洋经济的生力军　　　　　　　61
杭州湾跨海大桥：海上经济高速路　　　　　　　　65
前湾新区：新时代的新区域　　　　　　　　　　　70
"义新欧"：北半球的金丝带　　　　　　　　　　74

第三章　绿色生产力新赛道　　　　　　　　　　　79
余村：保护和发展协同的典范　　　　　　　　　　81
大陈岛：绿岛上的绿洲　　　　　　　　　　　　　87
莫干山：期望有多高，眼见就有多好　　　　　　　100

目录

郡安里：世外桃源 105
从"洋家乐"到"裸心"度假村的成功故事 109
跑山的"老人" 116

第四章　新与旧之间 121
台州天台：和合文化 123
儒家传统，以及一次惊喜的邂逅 135
衢州：杜立特行动和永恒的友谊 141

第五章　在"浙"里看见未来乡村 151
五四村：数字化治村的尝试 153
外桐坞：茶与艺术的交融 159
数字游民的静修之所 168
余东：农民画家之村 175
泉井垄：七彩畲乡 179
团石村：团结一心 点石成金 185

结语 189

湖州　嘉兴

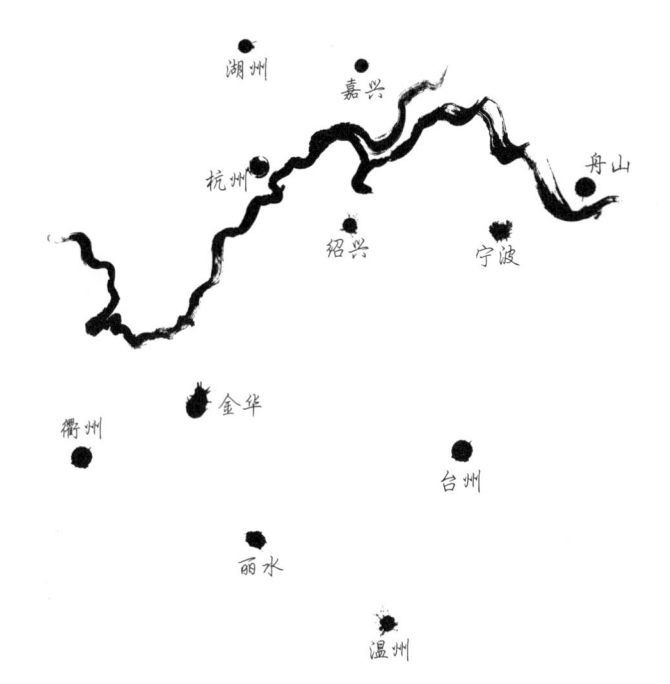

杭州

绍兴　宁波　舟山

衢州　金华

台州

丽水

温州

导语

浙江——中国发展的新视野

浙江地处中国东南沿海，长江三角洲南翼，北与上海市、江苏省接壤，西邻安徽省，西南接江西省，南与福建省相连。陆域面积10.56万平方公里，西南部以山地为主，水二分田"之说。全省管辖海域约4.4万平方公里，岛屿数量超过4000个，居全国首位。

浙江设杭州、宁波、温州、湖州、嘉兴、绍兴、金华、衢州、舟山、台州、丽水11个省辖市，省会杭州，有37个市辖区、20个县级市和33个县。截至2023年末，全省有常住人口6627万人。世居浙江的少数民族主要是畲族，景宁畲族自治县是中国唯一的畲族自治县。此外，有约205万浙江籍海外华侨华人、港澳同胞分布在全世界180多个国家和地区，其中以欧洲居多。

对中国来说，加入世界贸易组织是21世纪初的一件大事。当时的人们可能认为，这给中国经济带来的影响会最大，但回顾起来可以看到，它影响的是整个全球经济体系，而且是持续多年的、深远的影响。对中国来说，加入世贸组织增加了中国"改革开放"中"开放"部分的比重。浙江省是中国入

宁波舟山港主通道项目舟岱大桥

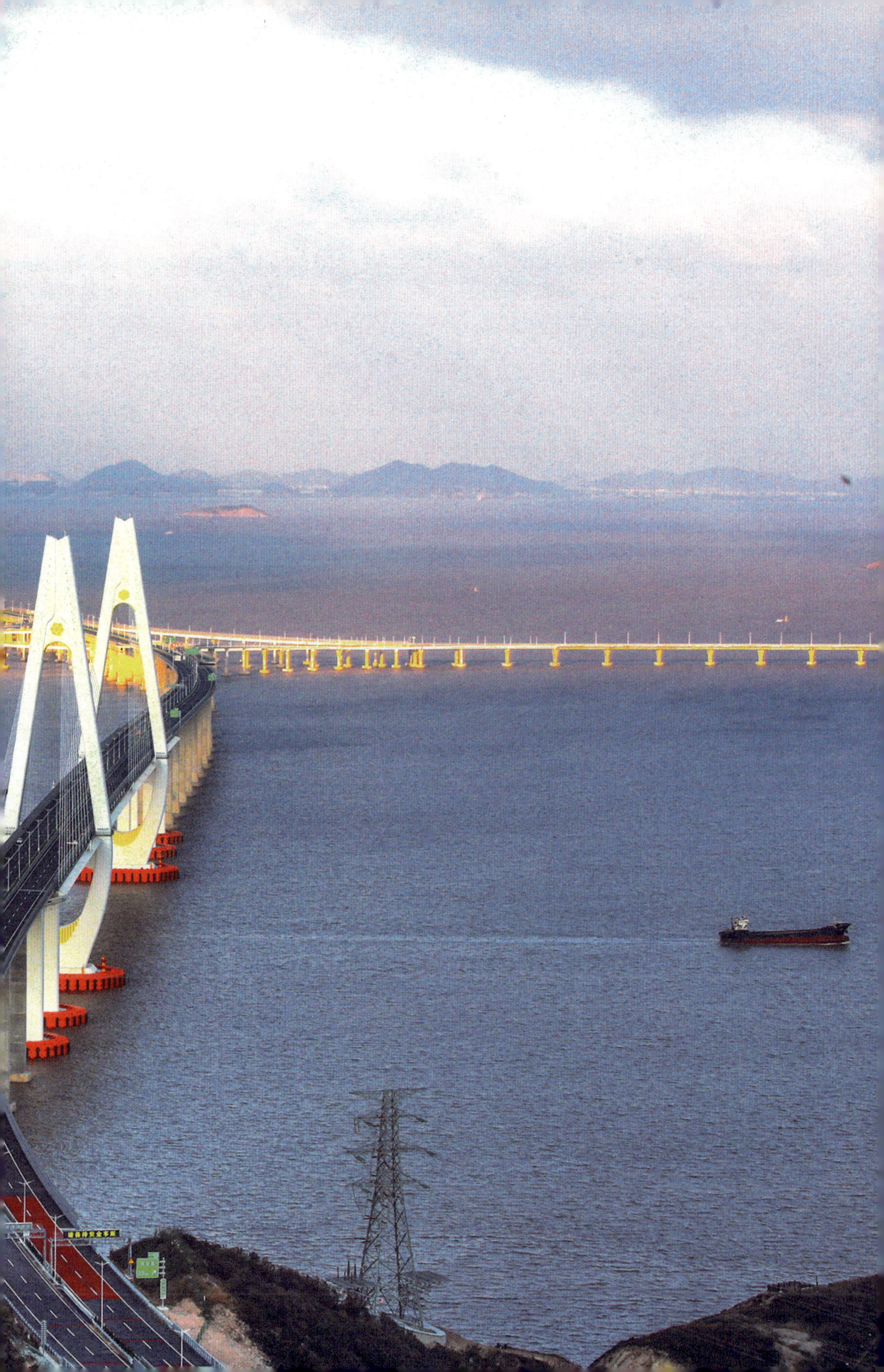

世之后立即着手寻找新机遇的省份之一。浙江有着许多显著的优势，但也有一些不容忽视的劣势，比如其地形和资源方面的局限性。

在 21 世纪初，另一个对浙江产生重要影响的大事是习近平被任命为该省省委书记。习近平于 2002 年 10 月抵浙上任。在其后的 10 个月里，他走遍了全省 11 个地级市、69 个县（市、区）。当时他应该也被浙江的美景震撼，那里有着漫长的海岸线和辽阔葱茏的群山，与陕西梁家河村——青年时他作为"知青"从北京来这个村庄插队，这里的生活经历对他产生了重大影响——所在的黄土高原的贫瘠地貌形成了鲜明对比。

正是以这些广泛的调查为基础，当时的浙江省制定了新的发展规划——"八八战略"，并在 2003 年 7 月举行的中共浙江省委十一届四次全体会议上正式提出。该战略涵盖八个重点领域，并有针对性地为每个领域提出了一套举措。必须指出的是，该战略不仅仅着力于该省的经济发展，也着力推动社会、环境和文化等领域的全面发展。它反映了中国国家发展战略的一个关键阶段——从不惜一切代价的经济发展转向经济发展、社会发展和生态环境保护并重的发展。

浙江逐步出台了一系列与该战略同步进行、作为其配套举措的重大行动计划。2002 年，浙江省确立了建设生态环境省的目标。2003 年浙江在全省启动了"千村示范、万村整治"工程。这是一个雄心勃勃的计划，目标是花 5 年时间，从全省 4 万个村庄中选择 1 万个左右的行政村进行全面整治，把其中 1000 个左右的中心村建成全面小康示范村。该工程至今仍在运作，仍然具有现实意义。浙江形成了"浦江经验"，要求官员深入基层，解决群众问题。这是中国政府着力于提高对公众实际需求的敏感度和反应能力的早期表现。2004 年，浙江省启动了建设平安浙江的倡议，其同一时期也开始采取各种措施提高治理效率。2005 年，建设文化大省被纳入"八八战略"总布局中进行规划部署。"绿水青山就是金山银山"，这是习近平总书记最广为人知、最著名的格言之一，事实上，这个说法最早是由习近平在 2005 年率先提出的。

事实证明，在践行"八八战略"中实施的所有这些举措是有效的，本书会对其中多项措施予以详细讨论。

在担任浙江省委书记期间，习近平坚持定期为当地报纸《浙江日报》撰写文章，有时一周发表一篇以上。他总共发表了 200 多篇短论，涵盖了其关于发展和治理思想的各个方面。前些年，这些文章的中文原文被整理出版为《之江新语》一书；2019 年，该书被翻译成英文出版，书名为 *Zhejiang, China: A New Vision for Development*。

其中的一篇文章给我留下了深刻印象。该文发表于 2005 年 8 月 19 日，题为《文风体现作风》。在该文中，习近平指出了中国领导干部写作风格中的缺点，并提出：

> ……就是要开门见山，直截了当，讲完即止，用尽可能少的篇幅，把问题说清、说深、说透，表达出丰富而深刻的思想内容。最要反对的是空话连篇、言之无物的八股文，那种"穿靴戴帽"、空泛议论、堆砌材料、空话连篇、套话成串、"大而全"、"小而全"等弊病，都要防止和克服。

这是一个合理且明智的建议，让人很难不同意。习近平总书记在近 20 年前写下的这些话，在今天仍然具有现实意义。有趣的是，我敢肯定，当年在写这篇文章时，他想到的是 60 年前毛泽东主席在 1942 年延安整风期间发表的一篇著名的讲话。那篇演讲的题目是《反对党八股》，毛泽东在其中的意旨和习近平文章中的意旨相互吻合，即学会如何有效地表达与沟通，并将学到的东西付诸实践。我之所以知道这一点，是因为习近平的文章中提到了毛泽东的《反对党八股》所使用的一个不同寻常的比喻——他把官员的写作风格比作"又长又臭的懒婆娘的裹脚"。

我之所以提到这件事是有重要原因的。习近平属于那种非同一般的人，他向别人提的建议自己都会认真遵循，真正做到了言行一致，身体力行。他的写作风格严谨、简洁、精辟。《之江新语》中的每一篇文章都是用最简洁的语言来清晰明了地表达他要说的话，并且一个意思只说一次，没有任何一篇文章的篇幅超过两页，因此这本书非常易于阅读和理解。不同文章之间在主题上存在一些重复，但这是因为有些问题非常重要，有必要进行多次讨论。

当外国朋友问我如何看待习近平新时代中国特色社会主义思想和《习近平谈治国理政》一书时，我总是建议他们先阅读《之江新语》。这本书内容简单，便于快速阅读，并且由于文章标题清晰而具体，因此在查找某一个主题时，浏览起来也很方便。更重要的是，在《之江新语》一书中你会发现许多思想观念的萌芽，这些思想观念后来有了进一步发展，并成为习近平关于中国特色社会主义的成熟思想。这本书可以看作是这些思想的一个扎实又易于理解的介绍，有了这个铺垫，再阅读《习近平谈治国理政》，所能接收到的信息会更丰富，收获会更大。在本书的准备过程中，《之江新语》也起到了无可估量的作用——帮助我构建写作框架，指引我去参观值得一去的地方，助我挑选值得研究的主题。

作为时任浙江省委书记，习近平在 21 世纪初推动浙江的发展中发挥了关键作用。不妨先了解他本人的理念和规划，这对于深入理解"八八战略"的整个过程必然有所助益。

"八八战略"与新发展

要了解中国经济社会的发展，浙江是一个极佳的窗口。浙江正是依托"八八战略"，把握住自身的优势，知晓该如何发展，最终壮大了这里的经济，让世界瞩目。而浙江的实践，在我看来，正是在因地制宜地发展新质生产力。"八八战略"包含着八个目标，我对"八八战略"与浙江的新型发展，进行了初步的思考。

第一个目标：
进一步发挥浙江的体制机制优势，大力推动以公有制为主体的多种所有制经济共同发展，不断完善社会主义市场经济体制。

自 1978 年改革开放以来，如何处理好政府和私营经济的关系、实现两者之间的平衡，一直是中国政府优先考虑的问题。在中国社会主义市场经济体制下，公有制占主导地位，其他所有制形式并存，公有制经济同其他所有制经济共同发挥主体作用。中国的铁路等重点行业以及发电配电等核心公用事业将始终属于公共部门，而私营企业也得到了很多政策性鼓励与支持。中国的分配机制以按劳分配为核心原则，其他分配方式与之并存。

深化市场取向的改革，关键是要处理好政府与市场的关系，即"看得见的手"与"看不见的手"这"两只手"之间的关系。

在计划经济体制下起作用的只有政府这一只手，所以在改革初期重点是突出市场这只手，发挥市场配置资源的基础性作用。随着改革的不断深入，要切实转换政府这只手的职能……努力建设服务型政府、法治政府，发挥好、规范好、协调好这"两只手"的关系。

——习近平《从"两只手"看深化改革》

第二个目标：
进一步发挥浙江的区位优势，主动接轨上海、积极参与长江三角洲地区合作与交流，不断提高对内对外开放水平。

浙江拥有独特的地理优势。该省地处东部沿海，毗邻上海，属于长三角地区，宁波据此发展成为中国主要的港口之一。杭州湾跨海大桥、宁波舟山港扩建等基础设施项目旨在进一步拉近浙江与上海、江苏的距离，充分挖掘浙江与两地的对接潜力，进一步推动本省的对外开放进程。2017年中共十九大召开之后，长江经济带高质量发展成为中国经济战略的基石之一。

地瓜的藤蔓向四面八方延伸，为的是汲取更多的阳光、雨露和养分，但它的块茎始终是在根基部，藤蔓的延伸扩张最终为的是块茎能长得更加粗壮硕大。同样，我们的企业走出去，主动接轨上海、主动参与西部大开发和东北地区等老工业基地改造，主动参与国际市场的竞争……

——习近平《在更大的空间内实现更大发展》

第三个目标：
进一步发挥浙江的块状特色产业优势，加快先进制造业基地建设，走新型工业化道路。

　　宁波拥有中国最大、历史最悠久、协调最完善的重工业集群之一。虽然重工业在中国经济发展过程中扮演了支柱的角色，但其未来的增长将越来越注重发展的质量，以高新技术产业作为发展的主要驱动力。值得注意的是，浙江是中国工业最多样化的省份，领先于广东和江苏等经济强省。浙江至少有36个产业集群。杭州是中国两个巨头级别的公司吉利集团和阿里巴巴集团的所在地，这两家企业即是新旧发展模式转换的典范。吉利是中国最大的汽车品牌之一（在汽车行业，中国已是世界领先的生产国和出口国），而阿里巴巴是全球最大的电子商务平台之一。

　　所谓"凤凰涅槃"，就是要拿出壮士断腕的勇气，摆脱对粗放型增长的依赖，大力提高自主创新能力，建设科技强省和品牌大省，以信息化带动工业化，打造先进制造业基地，发展现代服务业，变制造为创造，变贴牌为创牌，实现产业和企业的浴火重生、脱胎换骨。

——习近平《从"两只鸟"看结构调整》

第四个目标：
进一步发挥浙江的城乡协调发展优势，加快推进城乡一体化。

协调发展是科学发展观的重要内涵，是习近平新时代中国特色社会主义思想五大核心发展理念（创新、协调、绿色、开放、共享）之一。协调发展具体指的是经济发展水平存在差距的不同的省份和地区之间，以及城乡之间实现均衡发展。浙江是最早践行协调发展理念的省份之一，是这方面的先行者。中国当下的目标是在城市和农村地区实现公共部门服务的均等化。

科学发展观的内涵极为丰富，涉及经济、政治、文化、社会发展各个领域，其根本要求是统筹兼顾，具体要求是"五个统筹"。统筹城乡发展居"五个统筹"之首，是科学发展观的重要内容和体现。

——习近平《从全局高度统筹城乡发展》

第五个目标：
进一步发挥浙江的生态优势，创建生态省，打造"绿色浙江"。

"八八战略"确立之时，胡锦涛提出的科学发展观正在逐渐成熟。作为时任浙江省委书记，习近平在强调环境重要性

的同时，也在撰写关于科学发展观的文章。他的观点体现在"绿水青山可带来金山银山""绿水青山就是金山银山"等理论之中。当一些较为保守的干部对科学发展观能否促进本地区的经济增长还不太确定时，浙江已经积极投入到科学发展观的落实之中。

我省"七山一水两分田"，许多地方"绿水逶迤去，青山相向开"，拥有良好的生态优势。如果能够把这些生态环境优势转化为生态农业、生态工业、生态旅游等生态经济的优势，那么绿水青山也就变成了金山银山。

——习近平《绿水青山也是金山银山》

第六个目标：
进一步发挥浙江的山海资源优势，大力发展海洋经济，推动欠发达地区跨越式发展，努力使海洋经济和欠发达地区的发展成为浙江经济新的增长点。

第二个目标肯定了浙江的地理优势，但该省在这方面也存在劣势，其中之一是浙江70%的地区都是山区。传统上，这类地区在经济发展上并没有太好的前景。"绿水青山就是金山银山"的观念贵在认识到浙江的山区拥有成为环境资产的潜力，认识到其可以转化为经济资源，助力这些地区的发展与繁荣。浙江拥有美丽的海岸线和成千上万座岛屿，这意味着海洋经济可以涵盖更多种类的经济活动，而不仅仅是贸易和航运。

必须看到,没有欠发达地区的小康,就没有全省的全面小康;没有欠发达地区的现代化,就没有全省的现代化。这好比经济学中的"木桶理论",一只木桶的装水容量不是取决于这只木桶中最长的那块板,而是取决于最短的那块板……推进"山海协作工程",就是要通过发达地区和欠发达地区全方位的合作,有的放矢地加大工作力度,做长欠发达地区这块"短板"……

——习近平《做长欠发达地区这块"短板"》

第七个目标:
进一步发挥浙江的环境优势,积极推进以"五大百亿"工程为主要内容的重点建设,切实加强法治建设、信用建设和机关效能建设。

"五大百亿"工程是指投资均在百亿元以上的五个重大项目,项目内容涉及基础设施建设、信息化建设、科教文卫体育建设、生态文明建设、扶贫开发等领域。全面依法治国是"四个全面"战略布局之一。提高行政效率始终是当务之急,既要简化企业的创建和管理,又要为公众提供更好、更便捷的服务。

法律与道德,历来是建立公序良俗、和谐稳定社会的两个保障。法治与德治……各自起着不可替代而相辅相成、相得益彰的作用,其目的都是要达到调节社会关系、维护社会稳定的作用,保障社会的健康和正常运行。从一定意义上说,依法治国是维护社会秩序的刚性手段,以德治国是维护社会秩序的柔性手段，只有把两者有机地结合起来，才能有效地维护社会的和谐，保障社会健康协调地发展。

——习近平《坚持法治与德治并举》

第八个目标：
进一步发挥浙江的人文优势，积极推进科教兴省、人才强省，加快建设文化大省。

第八个目标再次反映了科学发展观的一个关键原则，即发展不应只考虑经济因素，还应考虑环境和社会方面的需求。教育是科学技术与创新发展的关键因素，而创新是习近平新时代中国特色社会主义思想的核心内容之一。基本的繁荣应该使人民的物质生活水平提高到可以让人们享受闲暇的程度，而文化活动有助于充实这些闲暇时间。任何一个国家都不能忽视自己的本土文化和传统文化，文化自信是习近平新时代中国特色社会主义思想强调的四个自信之一。

更进一步来说，要认清物质文明建设和精神文明建设的最终目的是什么，GDP、财政收入、居民收入等等是一些重要指标，但都不是最终目的，其最终目的就是要促进人的全面发展，包括改善人们的物质生活、丰富人们的精神生活、提高人们的生活质量、提高人们的思想道德素质和科学文化素质等等。

——习近平《物质文明与精神文明要协调发展》

第一章

民营经济兴则浙江兴

浙江是中国经济实力最强的省份之一。2004年，浙江生产总值迈上万亿元台阶；2017年，突破5万亿元；2023年，达8.26万亿元，居全国各省（区、市）第四。浙江人均生产总值在2012年突破1万美元，2023年达1.77万美元。

随着经济社会的快速发展，浙江人民的生活水平不断提升。按常住地分，城镇和农村居民人均可支配收入分别连续22年、38年名列中国各省（区）首位，城乡居民收入差距缩小至1.90:1，是中国城乡收入差距最小的省（区）之一。

浙江力争打造全国营商环境最优省。阿里巴巴、物产中大、荣盛控股、吉利控股、青山控股、恒逸集团、省交投、杭钢集团等登上"2023年世界500强企业"榜单。民营经济是浙江经济的最大优势，创造了全省六成以上的生产总值、七成以上的总税收、近八成的外贸出口和近九成的就业岗位。2023年，有108家企业登上最新公布的"中国民营企业500强"榜单，入围企业数量连续25年居全国首位。

吉利：
知名汽车品牌的全球化进程

20 世纪 50 年代，大规模生产刚刚兴起，汽车在中国还很罕见。在那之前，中国并不具备自主制造汽车的能力。南京汽车集团有限公司的历史始于 1947 年，是一家国有企业，也是中国第一家汽车制造商。中国第一汽车制造厂（简称中国一汽）1953 年建厂，总部位于吉林省长春市，是中国第一家自主生产汽车的企业，现在仍然是中国最大的汽车制造商之一，也是四大国有汽车制造商之一。最初，中国一汽根据俄罗斯车型造卡车，1958 年进入乘用车市场。改革开放之后，中国的国有汽车企业开始探索与外国汽车品牌组建合资企业，1991 年，中国一汽与德国大众汽车公司建立了合作关系。

吉利（汉语意为"吉祥如意，大吉大利"）有一段有趣的历史。1986 年，李书福在台州市创建了吉利公司，其前身是他办的一家冰箱零部件制造厂。1997 年，吉利进军汽车制造业，目标是"做老百姓买得起的好车"。中国工业领域的一个有趣的现象发生在 20 世纪 80 年代和 90 年代，改革开放为中国企业创造了巨大的生长空间，让它们有大把的机会扩大经营范围，有些企业涉足的行业甚至与原领域相去甚远。这种现象并非中国所独有。比如芬兰电信公司诺基亚最初就是一家生产纸浆和橡胶制品的工厂。从生产惠灵顿长筒靴到制造手机，诺基亚也经历了巨大的飞跃。

当然，并非所有这些中国企业都取得了成功，但也有很多成功了，吉利就是其中之一。吉利在过去 27 年中稳步增长，已成为中国销量第二的乘用车制造商。中国已成为国际市场上最大的汽车出口国。2023 年，吉利汽车的出口量在中国排名第四，仅次于上汽、奇瑞、特斯拉（中国）三大车企。

吉利集团的业务多元，涵盖汽车及上下游产业链、新材料、清洁能源的生产和供应、智能技术、智能物流、航空航天和低轨卫星。吉利自 1997 年以来的发展简史如下：

- 1998 年：吉利的第一辆汽车"豪情"在台州临海工厂下线。
- 2001 年：吉利成为中国首家获得轿车生产资格的民营企业。
- 2002 年：吉利跻身中国十大汽车制造商之列。
- 2005 年：吉利汽车控股有限公司成为中国第一家在香港证券交易所上市的汽车制造商。
- 2010 年：吉利迈出了一大步。当年 8 月 2 日，吉利从福特汽车公司手中收购了瑞典汽车品牌沃尔沃 100% 的股份，吸引了全世界的关注。此举被国际汽车界视为一个重要的"意向声明"。
- 2012 年：吉利首次入围《财富》全球 500 强，此后连续上榜。
- 2013 年：吉利全资收购了伦敦出租车公司(London Taxi Company)，从而获得了具有伦敦特色的"黑色出租车"的制造权。
- 2017 年：吉利从马来西亚 DRB-HICOM 集团手中收购了马来西亚汽车品牌宝腾汽车 49.9 的股份和英国豪华跑车品牌路特斯 51% 的控股权。
- 2017 年：伦敦出租车公司更名为 LEVC(伦敦电动汽车公司)，目标是生产新型清洁能源城市商务车。
- 2018 年：浙江吉利控股集团旗下的吉利集团宣布，已通过公开收购股份的方式购得梅赛德斯品牌母公司戴姆勒股份公司 9.69% 的股份。
- 2018 年：成立时空道宇，聚焦星座、卫星制造、卫星应用等领域，为自动驾驶汽车、智能网联和消费电子产品提供卫星通信及高精定位服务。
- 2019 年：吉利控股集团和戴姆勒股份公司宣布成立合资公司，双方各持股 50%，联合运营和开发小型城市高端电动车的先驱 smart。公司于 2020 年正式成立。
- 2020 年：吉利成为首个全球销量突破 1000 万辆的中国车企。
- 2021 年：吉利发布"智能吉利 2025"战略。
- 2022 年：吉利汽车控股宣布收购雷诺韩国汽车 34.02% 的股权。
- 2022 年：时空道宇宣布成功发射首批九颗卫星。
- 2022 年：吉利以 2021 年近 560 亿美元营收位列《财富》全球 500 强第 229 位。
- 2024 年：2 月 3 日，时空道宇宣布成功发射第二批 11 颗卫星。

吉利的总部在杭州，在宁波前湾新区还设有一个大型研究中心。这两个地方我都去了。在参观吉利杭州总部时，接待我的是杨学良先生和来自英国的阿什·萨克利夫（Ash Sutcliffe）等。杨学良先生现任浙江吉利控股集团高级副总裁、新闻发言人。他的职责范围非常广泛，涵盖集团品牌推广、公共关系、赛车运动、企业社会责任，以及支持集团旗下多品牌的协调发展，由他来介绍吉利这样一个复杂的集团公司是再合适不过了。

杨学良先生是天津人。天津是个沿海城市，与北京相邻，是中国四个直辖市之一（另外三个是北京、上海和重庆），和省的行政级别相等。杨先生 1997 年毕业于北京国际关系学院英语系，2014—2015 年在上海中欧国际工商学院深造。

杨学良 1993 年考入国际关系学院时，北京还不是现在这样的超大都市。在他的记忆里，当时的北京还称不上发达。让我感到惊讶的是，当时的北京三环附近并不那么繁华。现如今，城市化早已覆盖了三环，扩展到了四环、五环，甚至更远。三环已成为北京最繁忙的主干道之一，成了北京的"中心"区域。在国际关系学院，杨学良的老师是研究公共关系最早的一批学者之一，公共关系在当时属于相对较新的领域。他主修语言专业（他的英语无可挑剔），但他和许多同龄人都对国际问题感兴趣。他们也研究国际事务并积极投身于国际交流。在北京学习最大的好处是帮他建立起了许多有用的人脉关系。

毕业后，杨学良在中国公关协会工作了三年，然后在万博宣伟国际公关公司任职。2001年，他入职中国知名的传播集团海天网联公关顾问有限公司，在此期间，他和大批来自汽车行业的客户打交道，这为他后来进入汽车领域打下了坚实的基础。2001年至2009年之间，他担任海天网联副总裁兼上海公司总经理，并将公司规模从30人发展到50人左右。在上海期间，他还在著名的中欧国际工商学院深造。

2009年，吉利计划收购沃尔沃，他们找到杨学良，希望借助他的专业经验和能力推动收购。这并不是中国车企第一次在国外成立合资企业，但对于吉利这样没有政府背景的民营企业来说，这个计划有些过于雄心勃勃。朋友们劝杨学良不要参与，因为业界对吉利的这项收购计划并不十分看好，而他也没有在吉利这样的大型集团任职的经验。

担忧的理由有很多。其中一个很简单：吉利的规模太小，无法顺利完成如此大规模的跨国收购项目。另一个原因是沃尔沃的管理层面对强大的西方工会表现得过于软弱。可以预料的是工会会抵制吉利的收购，他们担心此举只是吉利窃取沃尔沃的技术和就业机会的一个幌子。要将瑞典和中国这两种截然不同的文化融合在一起是不可能的。

有先例可以证明这种担忧是有道理的。英国罗孚公司历史悠久，是英国最后一家大型汽车制造商，1994年被宝马公司收购。尽管两家公司有着相似的西方文化，但事实证明合并就是一场灾难。无良的"凤凰四董事"利用工会强大的影响力进行游说，促使宝马将罗孚卖给了凤凰财团，计划得逞之后他们肆无忌惮地掠夺了罗孚的资产，最终导致其破产。

总而言之，人们有很多理由担心吉利与沃尔沃的合资企业能否有未来。吉利过去 15 年取得的成功证明了吉利的管理质量，也反映了他们在管理这个棘手项目时所运用的技能。这在很大程度上要归功于有效的沟通。

在我看来，吉利必定面临着棘手而微妙的问题，而且作为一家跨国运营的大型企业，吉利在未来的经营中也将继续面临这样的挑战。现在有机会与杨学良这位集团官方发言人会面，我非常想听听他对这个棘手问题的看法。他说话非常有意思。

首先，他非常清楚，当一家中国公司面对需要谨慎处理的国际沟通时，本地化很重要。这就是他最初聘用阿什的原因。其次，李书福非常清楚，沟通是获得信任最重要的手段之一。在微妙的局面下，"对立"各方只有互相信任才能合作顺利，而获得信任的唯一途径便是坦诚和守信用。第三，吉利的国际传播战略涉及相当程度的授权和去中心化。许多中国公司总是先用中文起草信息，然后翻译成当地语言，而吉利的做法则是利用当地资源创作出关键信息，然后翻译成中文。我由衷地赞同这种方法，我希望这种方法能够得到更广泛的推广。正如杨学良所说：

"我们拿到一份中文的新闻稿，理解其中的关键信息，然后扔掉稿子，并根据所需语言的逻辑重新创作一遍。我们在纽约的分支机构聘请了当地人，在瑞典有一位传播主管，在法兰克福有一位负责人来处理德国事务。我们在英国和马来西亚都有员工，到处都有我们的人。在总部这里，我们只负责协调。有一个全球团队来推动信息的沟通，大部分时间都花在权衡不同信息上面，比如，我们会试着去琢磨，从马来西亚或瑞典人的角度来看，事情会如何发展，然后努力找到最合适的解决方案……"

他举了一个具体的例子：一家竞争对手的首席执行官，其演讲稿显然是用中文写的，然后翻译成英文，结果给人留下的印象不佳。而吉利的做法则相反。当时，李书福要在沃尔沃年度股东大会上发表重要讲话，演讲稿是直接用英文写的，并被翻译成中文。他用地道流畅的英文向国际受众表述了想要传达的信息，也取得了较为理想的效果。在我看来，无论是政治领导人还

当地时间2018年12月12日，吉利控股集团推出入股马来西亚宝腾汽车后的首款新车，马来西亚总理马哈蒂尔夫妇出席新车上市仪式

是企业领导人，都要意识到形式和实质的区别并优先后者，这一点非常有用。

　　这种方法也延伸到了其他问题上。杨学良举的例子是欧盟对中国电动汽车制造业可能存在的补贴进行调查，他们担心这类补贴会扭曲市场。2023年10月4日欧盟宣布正式开启调查，时间恰好在我参观前。杨总认为中国企业要以理性的方式并根据当地规范对此类事件做出反应，并强调了听取适当的法律建议并依法行事的重要性。此外他还强调，中国政府及其外交资源在预测此类问题并预先提醒吉利等中国企业方面发挥重要作用。

　　像吉利这样的跨国公司、中国政府及其代表，必须更加谨慎。他们的回应应该坚定自信而不咄咄逼人，这一点非常重要。坚定自信和咄咄逼人有一个重要的区别，后者有着截然不同的来源——傲慢和恐惧。学校操场上的欺

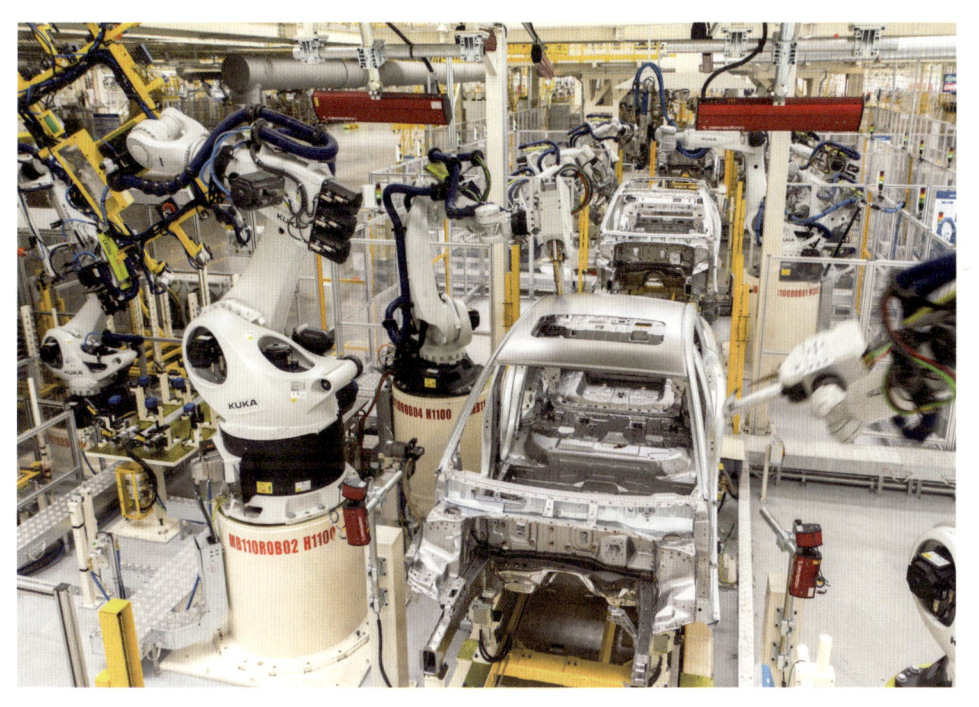

吉利汽车长兴基地，全自动机器人正在高速运转

凌者是因为傲慢而具有攻击性，因为他知道被他欺凌的对象都不够强大，无法保护自己。类似操场欺凌的例子在国际舞台上并不少见。挨打的狗会因恐惧而具有攻击性，当它被逼入绝境无路可退时，它最终会咬人。中国不想成为操场欺凌者，当然也不是挨打的狗。

坚定源于内在的自信，并以相应的方式表达出来。你被看作咄咄逼人还是坚定自信，根源都在于你的自我形象，在于你话语中使用的词汇和语气。中国要确保自己做出正确的选择。

欧盟的反补贴调查只是西方制造和策划的更广泛的反华敌意的一个表现。这也让吉利这样的企业陷入了两难境地。它们是中国企业，希望捍卫和提升中国国际形象，这样做事实上也符合它们自身的利益；但它们同时也是对股东负有责任的跨国公司。以吉利为例，其一半的收益来自中国以外。中国的经济成功在很大程度上归功于像吉利这样的企业的持续成功。这些企业遵循了"走出去"的号召，也必须尽力避免卷入各种无关的冲突。

我认为中国还有另一种资源，可以利用得更好。2023年10月，我回到英国时，收听了一个低调的下午档节目叫"You and Yours"（字面义为"你和你的"），其中有一个专题叫"Gap Finder"（字面义为"差距发现者"），讲述企业家寻找新的市场机会的故事。那天的受访者是一位名叫奥利弗·蒙塔古(Oliver Montague)的年轻人，他创建了一家生产电动自行车改装套件的公司并取得了成功。不出所料，他的主要供应商在中国——事实上，他在中国有一家工厂和一个仓库。当奥利弗开始谈论他的供应线时，我明显感觉到他变得非常不自在，有戒心，想要尽快结束那部分的采访。我对此毫不惊讶。

杨总也讲了一个类似的趣事。二三十年前，中国制造商接洽沃尔玛，希望成为其供应商，沃尔玛采购部门的第一个问题总是："你们在中国有工厂吗？"他们知道，如果供应商在中国有工厂，他们就能获得物美价廉的商品。但现在，他们的问题变成了："你们在中国以外有工厂吗？"他们仍然愿意和中国供应商做生意，只是不希望人们知道这件事。

关键是，有数百万像奥利弗这样的外国人在中国做生意。他们都知道，在日常生活和工作中体验到的真实的中国，与西方政客以及英国广播公司（BBC）等媒体向西方受众（那些人对中国仅有的了解都是来自别人的口耳相传）呈现的中国形象完全不同。中国应该与这样的人合作，把他们动员起来、组织起来，让他们成为真理的捍卫者，让他们对自己在中国的工作以及与中国的合作充满信心，并愿意为中国发声。西方听众更有可能倾听来自自己人的声音，而不太可能将他们所说的话视为中国主导的宣传。这样一来，像吉利这样的公司就可以远离纷争，专注于开展业务，让自身的商业智慧和在工商业领域的成就为自己说话。

阿什认为，作为一家跨国企业，在中西方文化中保持平衡是十分重要的。此外，他提到了透明度的作用。即使在西方，透明度也是分为不同程度的。例如，瑞典是超透明的，而英国就不那么透明了（作为一名英国人，我认为阿什比任何人都更有资格做出这样的评价）。在中国，不同的行业部门会相互联系、相互交往；在瑞典，媒体会刻意与政客和商人保持距离。在中国，一起吃饭聊天是彼此沟通的一个重要方式；而以瑞典为代表的西方国家却与此不同。

杨总还分享了一个关于比利时工厂的故事。这家工厂属于沃尔沃，原本大约有 2000 名员工。在吉利收购沃尔沃的时候，这家工厂确信自己是要被"砍掉"的，唯一的问题是在什么时候。而事实上，吉利后来不但没有将工厂"砍掉"，反而进一步扩大其规模，雇佣的员工数量达到 5000 多人。在比利时这样一个相对较小的国家，这并不是一件小事。随后，在习近平主席访问比利时期间，比利时国王和王后专门选择在这家工厂和他会见，并向其表达了谢意。习近平主席在浙江的时候就见过李书福，并称赞了浙江商人。

我问杨总，他认为浙江企业家成功的关键是什么。他告诉我，在他看来，浙江文化中，商业、制造业、工业、企业家精神都有着悠久的传统，并且都深深植根于该省的文化土壤中。浙商理解并遵守"游戏规则"，尤其懂得"取之予之，方能长久"的道理。对于未来，他认为吉利有必要在与汽车行业相关的重大问题上发挥带头作用，同时也要让外界看到吉利发挥了带头作用，这些重大问题包括：排放控制和气候变化、电动汽车市场的扩张、在意识到并尊重数据保护相关需求的前提下开发创造数据驱动的智能汽车……

阿里巴巴：
线上服务最前沿

谈论阿里巴巴，我面临的挑战不小。如何在寥寥几页的篇幅内介绍世界上最大、最复杂的公司之一？虽然大多数中国人对阿里巴巴耳熟能详、每天都在用它的产品和服务，但很多外国人只知道它是"一家大型中国互联网公司……"。阿里巴巴杭州总部有一个展览，内容相当丰富多彩，展示了公司的发展史、一些精彩故事和最有趣的特点。然而即便是这个展览的内容，对我的书来说也过于庞大了。不过，我衷心地推荐读者有机会参观阿里巴巴杭州总部的时候去看一看这个展览。

也许我可以先介绍一下阿里巴巴的名字是怎么来的。据其创始人马云回忆，当时他正在旧金山的一家咖啡店里琢磨公司的名字，"阿里巴巴"四个字突然出现在他的脑海里。他问女服务员是否听说过阿里巴巴，她回答说："当然听说过——芝麻开门嘛！"马云走出咖啡店，又问了一些路人同样的问题，他们都做了肯定的回答。他意识到阿里巴巴是一个世人皆知的名字，每个人

阿里巴巴西溪园区

都会记住它。

1999年6月28日，马云和他的17名朋友和同学在他杭州的公寓里创立了阿里巴巴网站。这是一个中国本土的B2B平台。这并非马云第一次涉足互联网创业，但鲜为人知的是这已经是他第三次尝试，前两次都失败了。"一次不成功就反复尝试"，这句谚语显然对马云和他的朋友们来说很奏效。

人们很自然会认为，马云和其他信息技术巨头一样，也是个高科技专家，但事实并非如此。马云小时候对英语非常着迷，他非常努力地自学这门语言，希望有朝一日能成为一名会说英语的导游。不过，他读书时成绩不太好。此外他还多次面试失败，包括（据他本人所说）一次去肯德基分店面试被拒。这听起来可能难以置信，但我愿意相信他。我有个朋友是颇有抱负的年轻演员，有一次他去试镜扮演在麦当劳工作的罗纳德就失败了。在那之后，他开始考虑其他的职业道路。

在中国，高考是全国性的大学入学考试，考试内容大体上全国统一，每个渴望上大学的学生都必须参加高考。这是一个涵盖多个科目的综合考试，考生的分数将决定进入哪个级别的大学以及能学什么样的专业。这是一个非常精英化、竞争非常激烈的人才选拔体系。但马云曾三次高考落榜。

最终，马云进了杭州师范大学英语系——当时该校英语专业招生未满，而马云在后备名单里。由于之前的努力，他在大学里进步惊人，成绩优异。但他的专业一直都是英语，他非常肯定地强调自己没有任何IT方面的知识、技能。大学毕业后，他成了一名英语教师。

马云把英文能力运用到商业工作中。阿里巴巴展览的一块展板上写着公司的价值观：

客户第一、员工第二、股东第三；因为信任、所以简单；唯一不变的是变化；今天最好的表现是明天最低的要求；此时此刻、非我莫属；认真生活、快乐工作。

阿里巴巴的价值观清晰明了，而且每一个都有意义。我对这些价值观很感兴趣，它们看起来好像是直接用英语写的。我的向导证实了这一点。我强烈推荐中国企业家在国际交流时采用这种做法，即直接用英文写材料再翻成中文，这比先用中文写再翻成英文效果好很多。

阿里巴巴目前在《财富》全球500强榜单上排名前50左右，营收超过1300亿美元。它的业务可以与西方的亚马逊、易趣相媲美，它还拥有中国规模最大、使用最广泛的几家在线交易和电子商务公司，包括Alibaba.com、淘宝和天猫，涵盖了B2B、B2C和C2C等多种类型的电子商务。阿里巴巴的云服务规模在全球排名第三，仅次于微软和亚马逊。公司在数字娱乐领域也十分活跃，旗下的优酷是中国最大的长视频平台之一。

阿里巴巴的发展史上有许多重要的里程碑时刻。公司始终致力于为国家和社会服务，在危机关头，例如大流行病期间，积极承担企业社会责任。2003年的非典疫情期间，阿里巴巴在保持局面稳定方面发挥了重要作用；在

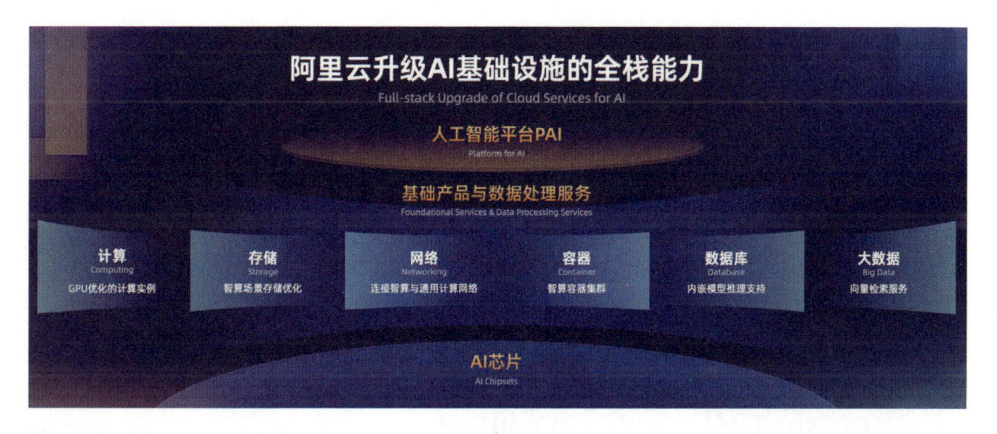

阿里云全面升级 AI 基础设施

新冠疫情期间，又再一次发挥了更大的作用，不仅为保障中国社会的正常运转提供助力，还为疫苗等医疗物资的国际运输做出了巨大贡献。

在其他方面，阿里巴巴也做出了一些意义非凡的贡献，比如创造了中国版的"黑色星期五"——"双十一"购物节。这个网上购物活动每年 11 月 11 日举行，已经发展成为一个大型社会现象，现在是全世界规模最大的单日购物活动。"双十一"最初只是为了庆祝单身发起的促销活动，但现在已经扩展到整个中国社会。2021 年的"双十一"，阿里巴巴和京东商城（阿里巴巴在中国电子商务领域的主要竞争对手之一）的总销售额创下了近 1400 亿美元的新纪录。

阿里巴巴一直积极投身慈善和公益活动。公司的总体战略和各项具体举措中有无数个这样的例子。阿里巴巴的国际直播服务包括一项翻译功能，可即时翻译成 18 种语言。阿里巴巴有 10 万名残疾用户和 32 万名盲人用户，针对这部分用户，公司专门上线了一套由残疾员工设计开发的盲人和残疾人专用系统。尽管中国实施无障碍政策已有多年，例如北京的所有人行道几乎都铺设了盲道以方便盲人，但直到 2023 年 9 月中国才通过第一部关于无障碍环

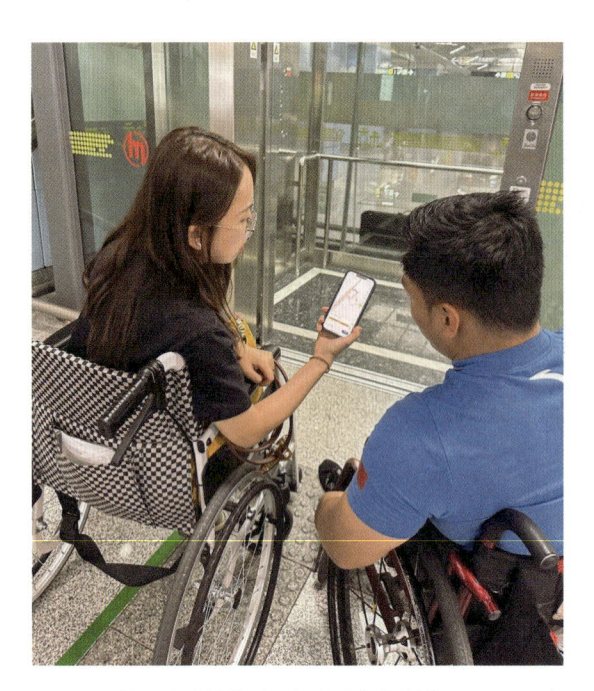

阿里巴巴的无障碍导航项目组成员与杭州第19届亚运会开幕式轮椅舞者阮成一起进行轮椅路测

境的正式法律。阿里巴巴一直非常积极地支持这一政策。

为了减少碳足迹，阿里巴巴积极实施废物回收，回收物流过程中产生的大量包装材料。公司还建立了一个服务系统来追踪和寻找中国失踪儿童，这个"团圆"系统收录的数千名儿童中，有98%已被找回。阿里巴巴每年举办非洲创业者大赛，迄今已吸引了4.5万名参赛者，并先后产生了100名获奖人员。迄今为止，大赛资助成立的40家企业中，39家在新冠疫情中存活下来，还在继续运营。阿里巴巴也鼓励员工积极参与各种慈善活动。

阿里巴巴近期最有趣、最具创新性的发展之一是盒马鲜生，它代表的发展方向与你对阿里巴巴预期的方向几乎完全相反。盒马鲜生是实体连锁店，无缝结合了线上和线下零售的优势，并提供了很多十年前完全无法想象的服务。它进入的是最具挑战性、竞争最激烈的零售领域——生鲜食品。在这个领域，你必须做到有效、高效，且有一定的盈利空间，否则你将无法生存下去。

盒马鲜生拥有传统超市的所有属性——货架上的商品、微笑的店员、免费的样品，但是这里显然更"前卫"一些。顾客在购物过程中还会不断收到各种建议和信息。扫描商品，就能看到从产地到超市的完整生产链记录。这件商品是有机的吗？是的。您是想在店里煮熟，还是想带回家再做？随您选。

这款葡萄酒作为佐餐酒怎么样——今天这款酒进行特价促销，要不要选这道菜作为开胃菜？现在你来到了收银台，你不需要掏出现金或信用卡，甚至都不需要手机支付，通过面部识别支付就可以，再简单不过了。

新冠疫情极大地推动了中国网上购物的发展，进一步改变了消费者的购物习惯，改变幅度比我所见过的任何其他国家都要大得多。我在中国认识的大多数人现在都是网购日用品。而我是一个传统主义者，喜欢去实体店购物，所以盒马鲜生也非常适合我。

自推出以来，盒马鲜生不断扩张，至今已经在全国开了400多家门店，而且目前仍在迅速发展。这引得竞争对手纷纷效仿，推出了各种克隆版本。比如京东自营超市"七鲜"现在有几十家门店在运营。这种新的购物模式为提升客户服务、提高效率和降低成本提供了无限的机会。观察这种模式的短期和中期发展很有意思。

作为浙江省规模最大、实力最强的企业之一，阿里巴巴非常重视自身在"八八战略"中肩负的责任。

数字经济涵盖了基于线上互动的所有经济活动，包括网上银行、网上教育和网上购物等领域，其重要性自世纪之交以来大幅增长，几乎涵盖了阿里巴巴的所有业务。中国数字经济的总体规模超过50万亿元人民币，占国内生产总值40%以上，已连续多年位居全球前列；中国数字经济的年均增速达到10.3%，也超过了过去10年GDP的总体增速。数字经济对经济社会高质量发展的引领和支撑作用正在稳步提高，反过来需要创新、技术知识和产业不断升级。

早在2003年"八八战略"部署之初，数字经济便被确定为浙江发展的关键要素。同年，该省发布了《数字浙江建设规划纲要（2003—2007年）》。在之后发布的浙江省国民经济和社会发展第十二个五年规划（2011—2015年）和第十三个五年规划（2016—2020年）中，都提到了要大力发展数字经济。而在目前最新的"十四五"规划中，发展数字经济已成为浙江省发展最重要的任务之一。

2021年，浙江数字经济核心产业增加值达到8348.27亿元，年均增速是GDP增速的两倍，占全省GDP的48.6%，位居全国第一。2022年，浙江数字经济核心产业增加值达到8976.6亿元，占生产总值比重达11.6%。

过去二十年来，阿里巴巴始终如一地支持浙江数字经济的发展，浙江独特的营商环境也为阿里巴巴的成长和发展提供了土壤。正如集团在2023年"八八战略"实施二十周年报告中所说，"双方同频共振"。

义乌：
一个全球性市场现象
背后的秘密

义乌是个乍一看很普通的地方，但是名字听起来很特别。义乌是地级市金华市所辖的一个中等规模的县级市，常住人口190多万，按照县级市的标准，它实际上是相当大的；金华全市总人口约为716万，义乌人口所占的比例还是不小的。

我此行是去参观义乌国际商贸城（中国人习惯称为小商品市场）。从外面看，这是一座有几层楼高的巨大的方形混凝土建筑，和我在中国其他几十个类似的城市见过或经常光顾的那种市场并无二致。进门就是一眼看不到头的一排排小商位，强化了我的第一印象。接待我的是一位年轻漂亮的女士，作为我的导游，她带我去的第一个地方是五区市场——"国际部"。

这个"国际部"立刻引起了我的兴趣，因为我们参观的第一个商位是一个巨大的饮品店，里面似乎摆满了你可能听说过的几乎所有的酒，包括菲奈特·

标准版菲奈特·布兰卡，还有布兰卡·蒙塔！（肖艳艳 摄）

布兰卡。不仅有标准版菲奈特·布兰卡，还有布兰卡·蒙塔！

我意识到，此时我可能已经"失去"了所有的中文读者，而且我相当怀疑也失去了绝大多数的非中文读者。承认吧，你不知道菲奈特·布兰卡是什么，是吧？这酒产于意大利，是一种带有苦味的草药餐后酒，味道有点像"老丹麦"草药酒，我很喜欢。没听说过吗？好吧，那安德卜格草药酒呢？这个也没听说过？那好吧。我非常喜欢"老丹麦"和安德卜格，但是我更喜欢菲奈特·布兰卡，不过，我最喜欢的是带着淡淡的薄荷味的布兰卡·蒙塔。

有那么极偶尔的几次，我邀请中国朋友品尝菲奈特·布兰卡苦艾酒，他们尝了一口后都皱起眉头，说像是在喝中药。他们说得好像这是件坏事似的！我恰好认为，传统中药的一大优点是有些中药的味道有点像"老丹麦"，甚

秋婷正在介绍她的毛绒玩具店铺（肖艳艳 摄）

至是安德卜格。如果你够幸运的话，有些中药的味道甚至像菲奈特·布兰卡。但它们无论如何都比不上布兰卡·蒙塔。

  总之，我说这些话的意思是，你几乎不可能在意大利以外的任何地方找到菲奈特·布兰卡，布兰卡·蒙塔就更加罕见了。然而，就在浙江一个不起眼的角落，我走进第一个商位，货架上就成排地摆放着这两种酒。所以很明显，我必须每样都拿上一瓶。这里还有数百种不同的麦芽威士忌，作为一名骄傲的苏格兰人，我本应表示一下支持。但事实是，在过去 40 年左右，苏格兰麦芽威士忌协会在国际品牌和市场营销方面做得非常出色，以至于我哪怕走进内蒙古最偏远角落的任何一家酒吧，都可以买到三种不同的格兰威特·纳朵拉桶装酒，同时里面还可以找到 12 年份和 16 年份的拉加维林威士忌。但是菲奈特·布兰卡嘛……

因此，义乌市场显然不像看上去那么简单。参观完五区市场后，我来到市场的另一端，也就是几公里外的一区市场。进门的第一个区域全部都是卖毛绒玩具的商位，有几十个，也许是几百个。我来到一个比一般单间店铺稍大，但也不算很大的商位，并被介绍给一位年轻女士。她用极为流畅的英语介绍说自己叫王秋婷，英文名叫温迪。我问为何她的英语如此流利，她说是因为她曾在埃塞克斯大学学习，先是主修金融会计，然后又拿了经济学硕士的学位。好了，一个再明显不过的问题是："为什么这位年轻女士聪明有为，有金融会计学士学位和经济学硕士学位，却会在义乌市场的一个商位上卖毛绒玩具？"

我们稍后再聊王女士，关于她还有很多要说的，现在，我想先解开我制造的那个难题。

我非常怀疑中国以外的读者中没有一个人听说过义乌或者义乌市场，但是很可能你们每个人的家里都有一些物品来自这个小商品市场。因为，简单地说，义乌有世界上最大的小商品市场，它几乎什么都卖，而且它的商品销往全世界。

义乌市场的故事可以追溯到1982年。当时，它只是一个普通的露天街头市场，跟全国几百个市场没什么不同，都是卖日用品。但是这个时间点非常重要，因为当时中国实行改革开放仅三年。这个露天市场就是现在所说的第一代市场。1984年，第二代市场开业，规模比一代市场更大，开始销售更大件的商品。1985年，市场上面加盖了顶棚，不再露天，商户协会也在这一年成立。1986年，第一座个体户大楼建成，只有一层，市场办公室也设在了里面，这是第三代市场。1987年，随着改革开放的持续深入，第一批外国客户开始频繁光顾义乌市场，寻找产品供应商。1992年，大楼进行了翻修，所有的摊位都搬到了室内。1994年，第四代市场开业。

现在，义乌市场共有五个巨大的"区域"，前四个区是相邻的，分别专营玩具和工艺品，工具、箱包、大件家用电器及各种小电器，化妆品、眼镜

浙江义乌国际商贸城

和体育用品，配饰和日用品。第五区在几公里之外，是专门经营进口商品的国际区。除了市场大楼外，市场周围迷宫一般的街道上也有成千上万个摊位。

　　我这儿有些惊人的数据。义乌市场经营面积640余万平方米（6.4平方公里，或者按照"标准"测量术语来说，相当于1250个足球场），有7.5万个商位，员工21万余名，日均客流量有20多万。市场销售26个大类的210万种不同的产品，与全球230多个国家和地区有贸易往来，市场外向度高达65%。每年来义乌采购的海外客商超过56万，常驻外商超过1.5万户，吸引了沃尔玛、麦德龙等20多家跨国零售集团和30多家中国领先的连锁超市前来采购。义乌全市有各类外商投资企业8000多家，其中外商投资合伙企业2500多家，约占全国总数的75%。义乌市场被联合国、世界银行和摩根士丹利等各种组织公认为世界最大的小商品批发市场，习近平主席也经常在国际外交场合以类似的说法来描述它。

义乌国际商贸城内各式产品琳琅满目

　　义乌走在电子商务的前沿，共有在册电商经营主体56.3万户，并且实现了线上和线下融合发展。义乌市是中国唯一获国务院批准建设国家跨境电子商务试验区的县级市。义乌也是中国增加进口来减少贸易失衡的领头羊，每年在上海举办的中国国际进口博览会就是一个例证。义乌中国进口商品城和义乌中国进口商品城孵化区引进了来自100多个国家和地区的15万余种海外产品。

　　2020年9月，国务院批复同意扩展浙江自由贸易试验区面积。三个扩展区域之一的金义片区将着力打造世界"小商品之都"——建设国际小商品自由贸易中心、数字贸易创新中心、内陆国际物流枢纽港、制造创新示范地。此外，义乌也将建设成为"一带一路"开放合作的重要平台。

　　你越仔细看这些数字，就越会觉得说不通。你会一次又一次地问同一个问题——为什么是义乌？原因当然不在于城市的大小或规模。按人口计算，义乌和金华都排不进中国城市的前50名。仅在浙江，就有三座城市的人口超过了金华。与地理位置也无关，义乌的地理位置并不算特别优越。杭州位于钱塘江入海口，而宁波、台州和温州都是沿海港口，义乌则地处浙江中部山区，相对偏远。那会不会是人口素质的原因呢？可是，各地的中国人都很有进取心、足智多谋。那么或许是环境、治理、决策、勤奋以及纯粹的好运等多种因素的结合，使前面这些事实和逻辑统统失灵，让义乌成为世界上最大的小商品批发市场。

为了寻找答案，我回过头去找了王秋婷。我知道她的父亲王立春是义乌市场上一位成功的企业家。事实上，他和这个市场的渊源可以追溯到20世纪80年代初义乌小商品市场刚刚成立之时。秋婷安排我去见她的父亲，并欣然同意担任我的翻译。

王立春出生于1967年，是家里四个孩子中的老大。有趣的是，在我的旅行和写作调研中，我遇到的很多企业家都是那一代人。他和妻子黄雪英1989年相识，1990年结婚。他们是通过家人介绍认识的，这在当时是常有的事。

王立春的父亲在当地政府工作，这在困难时期是一件幸事，因为这至少提供了一份稳定且有保障的工作。这份工作还让他们家能够住上土坯房。当时这个地方大多数普通人家的房子都是用木板和稻草造的，能够住土坯房已经算是条件优越了。我和王先生聊了聊我写第一本书"中国城记"丛书之《南通故事》的经历。这本书的后半部分讲述了一群南通创业者的故事，他们后来都成了成功的企业家，并带领企业走向了国际市场；他们中的大多数人和王先生是同一代人。王先生认为当时的南通人比义乌人富裕，如今这两个城市的经济都很发达。

按中国的标准，当时的义乌是个相对较小的城市，人口仅30万，现在近200万。我问王先生他最早的记忆是什么，他笑着回答说——冬天穿开裆裤！

我又问王先生，他年轻时最美好的记忆是什么，他告诉我是冬天出去打兔子。他用一根木矛作为工具，在齐膝深的积雪中艰难前行寻找猎物，如果能够抓到一只兔子,那就是快乐的一天……我不知道他是否能经常抓到兔子。

作为家中长子,他有责任尽早出去工作。他的父母想让他进入体制内——一份稳定可靠的工作能够在遭遇命运风暴时提供缓冲。在中国,这是一个延续至今的文化基因。

如果此路不通,王先生的父母则希望他进入一个稳定的行业,比如当油漆匠。他自己则有一个更简单也更远大的抱负:发财致富。

我遇到了不少像王先生这样在艰难时期长大的人,他们一次又一次告诉我,他们的人生目标就是创造财富。当时的中国是一个非常贫穷的国家;贫穷固然是非常糟糕的,然而最糟糕的贫穷还不是单纯物质上的贫穷,而是精神上的。当你在贫穷的环境中长大,你所知道的一切都是贫穷,你周围的每个人都很穷,并且一直很穷,这种状态会侵蚀你的灵魂。想要找到出路改变命运必定困难重重,听天由命则会非常容易。但在那个年代的中国,到处都是像王先生这样的人——他们表现出非凡的精神和决心,拒绝被现实环境所困,坚持不懈地去追求自己的目标。他们在中国自立自强的过程中发挥了非常重要的作用,中国能有今天的成就很大程度上要感谢这代人的不懈奋斗。

当然,王先生那时只是 16 岁的辍学孩子,不知道该如何实现梦想。他的第一份工作是养鸭,养了 5000 只鸭子。但这并不完全是个人的生意,而是在国家支持下作为"专业户"开展的经营活动。但他并没有找到正确的路子;他的养鸭事业并不成功,那年年底,他把生意转让给了一位亲戚,算下来他损失了 400 块钱,这在当时可不是一笔小数目。

那时大致是 20 世纪 80 年代中期,中国的改革开放已经走过第五个年头。有抱负、有进取心的男女青年们开始看到机会。18 岁时,王先生开始了自己的第一次创业,在刚刚起步的第一代义乌市场上卖小商品,包括鞋、包、皮带和帽子等。他向家里借了 3000 块钱作为启动资金。在今天的中国,创业已算不上什么了不得的事,但在当时,那肯定是一种前途未卜的冒险行为。经历过此前的艰难岁月,中国的经商氛围几乎已荡然无存,同时也严重缺乏工商管理方面的经验,当时无论是政府官员还是普通百姓,都对这一新政策没有把握。

王先生从当地制造商进货,但很快他就将产品销往全国各地的市场。从上午8点到下午4点半,他在市场上忙一整天,但晚上和周末也同样有工作要做,唯一的假期就是春节。他的生意很快就兴隆起来,从1984年到1988年的5年间,他的年收入增长到了2万元。而当地的平均工资大概在每月30元左右。

实际上,王先生正走在实现人生目标的路上。按照当时的标准,他已经是一个有钱人了。

他认为,作为先驱的最早一批在市场上做生意的人大都获得了成功。虽然当时的义乌和中国许多地方一样道路状况不好,但也有一个像样的火车站。第一代市场大约有1000个露天摊位,义乌企业家主要把商品卖给全国各地的商人。王先生的货源既有本地的,也有其他省份的。一些摊贩已经开始开设工厂,以确保货源的稳定。

义乌成功的部分原因源于其历史。早在20世纪20年代,在中国几乎还是纯粹的农业国时,义乌便已发展成为一个易货贸易中心。当时的义乌有着一条清晰的"经商链"。小商小贩在那个时代通过走街串巷、走南闯北的方式,利用当地生产的红糖等低廉物品换取居民家中收集到的鸡毛,用鸡毛制作鸡毛掸子,然后再将鸡毛掸子卖到其他地方,换取缝衣针之类的家庭必需品。就这样,一种基本的市场经济诞生了。时至今日,人们仍然会在节庆期间纪念当初这种"鸡毛换糖"的生意。

改革开放后,义乌幸运地遇到了一位富有远见的县委书记——谢高华。在其他地方仍然较为保守的情况下,他积极践行改革开放的政策,尤其突出的是,他以敢为人先的勇气鼓励和允许义乌人做生意。这不仅鼓舞了当地企业,也吸引了其他地方的生意人来到义乌。当时这座城市到处都是具有开拓精神和雄心壮志的创业者,他们视野开阔、思维活跃,能够从别人的成功中获得启发并从中受益,这无疑对义乌的发展产生了积极的影响。

到第三代市场时,王先生的生意已扩大了不少。他卖了四年的铅笔芯。

1984年，民众在义乌小商品市场选购过节的商品

这个生意看起来奇怪而且不怎么起眼，但事实上，王先生和其他三四个商人把这个生意做到了几乎全国垄断的程度。他们这个行业相当专业化，从多家工厂采购产品并销往全国各地，产品的利润率很高。在如今的商业世界里，人们在不断尝试想要"去掉中间人"；他们有时忘记这样一个事实——在过去，对于一家既要生产商品又要解决各种技术难题的工厂来说，有一个熟悉市场的外部代理商来帮助他们解决产品的销路问题是一件多么幸运的事情。

最终，王先生把这个生意传给了他的一个弟弟。这也是中国文化中的一种常见的做法——"扶君上马，再送一程……"

1990年，这对夫妇新开设了一家经营毛绒玩具的企业，并创办了他们自己的品牌"多爱"。他选择这个新行业没有什么特别的理由，就是觉得它"看起来很有前途"。这背后的事实是，当时卡通人物在书、杂志和电视上的出现频率越来越高，而且普通中国人也变得越来越富裕，这意味着他们有更多的钱来购买像儿童玩具这样的小奢侈品。另一个优势是当时这个行业没有太多竞争，整个市场上也只有三家贸易商，而现在则有了数万家。

一开始，"多爱"产品只在中国销售。1993年，他们开始自己生产产品。这在很大程度上是一个家族企业。第一家"工厂"开在家里的一层楼上，工人则是其他家庭成员。最早有2—3台缝纫机，最终增加到了22台。其中最早的一台缝纫机仍然在现在的工厂里，印证了古老的成语"合抱之木，生于毫末"。

"多爱"的原材料主要来自宁波，设计最初甚至是直接从"时髦"的玩具店借鉴来的。产品线也很简单，都是狗和熊之类比较受欢迎的动物。1995年到1996年之间，他们开始生产西式娃娃。

2001年，中国加入世界贸易组织，这对"多爱"、义乌市场乃至整个国家来说都是个重大的变化。义乌很快成为国际贸易中心，"多爱"也把业务拓展到了国际市场。这很可能是义乌在21世纪出现爆炸式增长并大获成功的原因之一。加入世贸组织为中国提供了巨大的机遇，而由于基础设施此前已经到位，并且有丰富的经验作为支撑，义乌成了最早吃到这一波红利的城市。凭借先发优势，义乌确立了龙头地位，并逐渐构建起其他城市难以赶超的市场"护城河"。

"多爱"从2016年开始与有知识产权的品牌合作，已获得了一些利润丰厚的大品牌的代理权。在"多爱"的货架上，我能认出迪士尼的人物，也有我通过媒体和广告认识的一些中国流行IP。"多爱"刚刚获得了"奶龙"的代理权，"奶龙"是一个在电子媒体中非常受欢迎的黄色恐龙形象。我离开义乌在火车站候车的时候，看到一个女孩上了火车，手里抱着一只巨大的"奶龙"，足足有她两倍大。我猜一定是从"多爱"的店里买来的。

进军品牌知识产权领域是"多爱"迈出的重要一步。王先生负责谈判，合作双方会就关键决策进行讨论并达成共识。从结构上看，"多爱"现在是一家有限责任公司，有三家分公司。它们是一条大型供应链的一部分：分包商进行初步加工，当地合作社负责最后的加工。"多爱"是义乌小商品市场上最大的毛绒玩具经销商，这意味着它或许也是中国最大的毛绒玩具经销商之一，可能也是全球最大的毛绒玩具经销商之一。我可以这样猜测。

我也和王秋婷聊了聊她的生意。我想现在大家都清楚了，她不仅仅是"一个在摊位上卖毛绒玩具的年轻女士"。事实上，"多爱"目前占领的主要是国内的连锁店市场，而秋婷主要负责国际业务。她是一家企业的负责人，这家企业背后是一条重要的全球供应链和市场链。

秋婷的故事也很让人感兴趣。她是中国经济腾飞早期受益者的一个很好的例子。她回忆说自己"童年是在市场上度过的"，她在16岁那年离开中国前往英国求学，在埃塞克斯大学完成了本科和硕士学业。

秋婷的父亲带她进入了毛绒玩具行业。她目前是个体经销商，和家人合作经营，她的弟弟负责包括玩具设计在内的一些线上业务，她的妈妈是家里的配色和定版专家。

2019年，王秋婷开始创业，成立了自己的品牌"朵尔蔓"。几乎可以说，她选择了一个最艰难的时期来作为自己事业的起点，因为随后2020年初，新冠疫情就发生了，疫情对企业和客户群都造成了冲击。国际业务主要通过中国的外贸公司和一家墨西哥大公司进行，也有一些直接客户。而疫情将直接客户全部阻挡在外。现在他们又回来了，还出现了一批新客户。秋婷坚持了下来，而且业务做得还不错。目前，她的策略是稳定现有市场。

秋婷向我简要介绍了她的业务运作方式。从产品、价格和客户来看，她经营的是中高端市场。最初，她每周生产大约1—2个新款式，现在是6—7个。目前总共有大约300个在售款式，考虑到不同的尺寸和颜色，大约有1000个SKU（库存单位）。在推出一款新产品之前，可能最多要看20个设计样品，从设计到生产的时间大约是1个月。

秋婷有10家主要供应商，都是大型工厂，所有供应商加起来则有数百家之多。其中有些是家庭式的作坊，可以做到供货快速、灵活、廉价。大多数工厂位于江苏扬州，有些甚至远至北方的河北省，也有一部分是义乌本地的供应商，秋婷偶尔还会借用她父亲的设备来完成一些订单。

　　秋婷的国内国际业务并没有完全与"多爱"分开。两家有一些共同的客户，有时候她甚至还会和"多爱"竞争订单。

　　王家人在短短30多年的时间里把家族生意做到这种规模，堪称一个真正的成功故事。毫无疑问，义乌市场还有很多这样的例子，它们证明了义乌人的勇气、勤奋和生意头脑，这在很大程度上解释了为什么义乌能够取得如此非凡的成就。

香满亭：
产品与品牌的齐头并进

来到浙江香满亭生物科技有限公司（简称"香满亭"），我受到了公司董事长朱佑存先生的热烈欢迎。他开朗健谈、平易近人，对自己的公司充满热情，对公司的成功势在必得。走在公司的蘑菇农场里，我能感受到朱董对这里每个角落的热爱。同时，他就像是一个信息宝库，比如，你知道包括真菌在内的微生物是世界上第四大农产品吗？朱董对此类问题了然于心。

将香满亭称为"蘑菇农场"可能不太合适，实际上这是一家采用最尖端技术的先进高科技企业。香满亭成立于2021年，成立时间不长，但已经成为中国同类公司中规模最大的一家，而且还计划做得更大。公司的主要产品是香菇，我想大部分人应该都知道这种肉质肥厚的棕色蘑菇，形状类似于我们在英国常吃的白色口蘑，但颜色是深棕色，味道略苦，而且茎上的纤维更多。香菇在中餐和日料中很常见，中国的超市、菜店或小摊上都能买到，英国的大部分超市里也能买到。

香满亭公司的菌菇生产基地

香满亭还生产另外三种蘑菇，数量相对较少。羊肚菌外形很有特点，上有一顶蜂巢状的"高帽子"。这种蘑菇在法国非常有名，法语称为"Morilles"，价格也非常昂贵，一千克鲜羊肚菌可能要上百欧元。平菇呈浅灰色或棕色，成串生长，茎和伸展的菌盖比较柔软，在中餐中也很常见。灵芝生长在树木和树桩的侧面，像木头一样坚硬，菌盖像抛光的硬木一样发亮。灵芝不能生吃，也不加在食物里，而是作为一味重要的中药，被磨成粉末使用。对了，香满亭还有西瓜副业。

朱董今年57岁，和一些中国人一样，他看上去比实际年龄甚至年轻20岁。朱佑存将自己年轻的容貌和一头黑发归功于健康的饮食，以及经常食用自己的产品。他强调，45岁开始就要注意自己吃的食物了。朱董年轻时在杭州学习管理，曾经有36年的工业机械销售经验。后来，在2021年香满亭成立时，加入了公司。

香满亭位于龙游县外的小南海镇，目前占地300亩，计划最终扩大到4500亩。这是一个农民生产合作社，有32名全职员工，还提供355个季节性岗位。所有的种植都是在玻璃下（更准确说是在大棚里）进行的，所以一年四季都能种植。该公司销售的有机产品包括鲜蘑菇、干蘑菇、加工好的蘑菇零食、蘑菇酱和蘑菇粉末提取物。目前，香满亭向其他亚洲国家出口产品，并打算进一步拓宽市场。

我们走进其中一个棚子，近距离观察香菇的生产过程，我觉得很有意思。在我当管理顾问的那些年里，我做过许多奇怪又奇妙的生意，但从来没接触过蘑菇种植。可我确实对种蘑菇很感兴趣。许多英国人对白色口蘑以外的其他蘑菇都持怀疑态度，但在法国、德国和意大利等国的多年生活让我接受了不同的蘑菇。所以我回到苏格兰的时候，甚至会出去采蘑菇，由于很少有人采摘，因此常常收获颇丰。

这些蘑菇生长在"原木"（培育食用菌使用的菌棒）上，"原木"是装满木屑的塑料袋，形状与大小和生火用的原木类似。塑料袋上面打了孔，里面撒入了孢子，然后蘑菇就会从孔洞中长出来。朱董说他们准备用纸袋代替塑料袋，让生产过程更加环保。他直接从上面摘了一朵香菇给我，我很乐意尝尝。当地超市里买到的香菇一般都比较硬、有嚼劲儿，但刚摘下来的香菇却鲜嫩美味。

很遗憾我没看到生产"原木"和种植蘑菇的过程，但我想应该是自动化种植。这些"原木"水平地放在架子上，我快速算了一下——每个架子上大约有250根"原木"，每个大棚里约有40个架子，目前有106个大棚——的确非常多。一旦香满亭完成扩建计划，工厂将成为名副其实的巨大综合体。

种植棚中的空气、湿度和温度均为自动控制，确保达到蘑菇的最佳生长条件。整个生产过程也尽可能实现一体化、智能化、数字化、自动化。香满亭正在不断进行技术和工艺升级，希望将产品出售到国内其他地区。同时，香满亭也很重视技术和市场营销，这两项恰好都是朱董擅长的领域。为了实现目标，香满亭还将聘请其他科学家与企业家。

香满亭的生产过程尽可能实现一体化、智能化、数字化、自动化

  这个生意背后有两个驱动因素：从个人角度来说，人们应该获得有保障的健康食品；从更广泛的意义来看，香满亭尽己所能支持国家政策——促进国家农业产业发展，实现粮食安全与自给自足。正如朱董所说："我们应该自己养活自己……"他建议不要依赖国际集团，避免因法律和技术上与他们的产品捆绑而受到控制。香满亭计划打造自己完整的蘑菇产业链和商业链。

  朱董向我简要介绍了公司目前的产量。他以"万"和"斤"作为计量单位，希望我没有算错。一"万"就是10000，中国常以"万"表示大数。"斤"是中国传统的标准重量计量单位，又称"市斤"，现在仍然广泛使用，特别是在市场上购买食品时。"斤"比旧时的英磅稍多一些，正好是0.5千克。

  朱董给我的数字是：150万斤香菇、5万斤羊肚菌、平菇和灵芝各1000斤。

公司销售的有机产品包括鲜蘑菇、干蘑菇、加工好的蘑菇零食和蘑菇酱等

灵芝做成粉末提取物后价值不菲。

参观结束后，我们去管理办公室座谈。工作人员向我们展示了香满亭的管理系统。一个在线系统在墙壁大小的屏幕上显示公司业务各个方面的实时信息，令人印象深刻。我们能够快速浏览采购、生产、物流、销售、营销、财务的全面信息，展现了香满亭的集成化、智能化、数字化、自动化，这些具体呈现远超各种概念上的空话大话。

朱董强调，香满亭非常重视生产干净、有机的产品。中医认为，健康的食物与好的药材同源，因此健康的食物本身就是很好的药材……例如，香满亭出品的蘑菇酱都是健康、干净、新鲜、无油的，可以在烹饪的时候用作调味品，也可以做好菜后加一些来提鲜。这些蘑菇酱像老干妈一样用玻璃瓶包装（老干妈是中国人很喜爱的一种辣椒酱，名声已经远扬世界）。我把蘑菇酱带回北京，我家人非常喜欢，他们也是老干妈的粉丝。我们还品尝了卤香菇，每小袋有两三个，非常好吃，我写到这里的时候还吃了一袋。我最喜欢的是香菇脆，也是一种小零食，口感跟薯片很像，却更加健康。我带回家很多，结果因为太好吃，很快就吃完了。

离开之前我们还讨论了未来的规划，朱董问我对于扩大产品线出口到更多地区有什么建议。我建议可以发展这两种产品：一种是牛肝菌，这种蘑菇在欧洲大陆非常受欢迎，因为那里的食客在吃蘑菇这件事上更有冒险精神；另一种是鸡油菌。这两种蘑菇都很好吃，而且可以卖出较高价格。从不专业的角度来说，我觉得牛肝菌与香菇外形相似，或许会有些联系，同理，鸡油菌可能与平菇有关，所以香满亭的技术在培育这两种蘑菇上应该也很有用。无论如何，有一件事我很确定，那就是机会来临的时候，香满亭一定能抓住。如果几年后我在法国吃到来自中国浙江省龙游县小南海镇的香满亭牛肝菌，我一点也不会感到惊讶。

阿立果蔬：
收获机遇

1971年，金立申先生出生在宁波市下辖的一个小镇——庵东镇。这里北濒杭州湾，与上海市金山区隔海相眺，如今是宁波前湾新区的一部分。他是家里三个孩子中的老大，祖上以务农为生。

以前，当地的主要农作物是棉花和蔬菜。棉花是季节性作物，而蔬菜也很难卖到村外去。一年到头，所余不多。金先生说那时候自己家条件"一般"。他忆起那时候家里来了客人，自己不得不向邻居借油来招待——其实这是世界上所有生活拮据的人都会有的一种经历。在我的童年时代，苏格兰的家庭主妇们也会跑到隔壁去"借一杯糖"。那时候的金先生或许不会想到，日后他会成为这里的"葡萄老大"。

金先生在离家十八公里的一所学校完成了初中学业。初中毕业后，金先生先成为一名渔民，在杭州湾捕捞小海鲜。1989年，已是年轻小伙子的他，生活很艰难。那时村民们开始种植大豆和辣椒，但销路仍然不好。金先生开始前往建德，以物物交换的方式将大豆卖给当地一家豆腐厂。最初他只是想出去寻找机会帮助自己的乡亲，但正是在这个时候，他开始思考更广泛的社会和经济问题。

到 20 世纪 90 年代末，金先生逐渐显示出自己的经营能力。他曾在浙江各地奔走，推销庵东镇的农产品，有一次在杭州看到西湖附近有人卖葡萄。1997 年，他从金华带回一些葡萄种子，由此开始带头在村里种植葡萄。

起初，村民们仅是抱着尝试的态度，每户只种植 2—3 亩葡萄，全村总种植面积 20—30 亩。如今，村里已有 2700 亩葡萄。以前，金先生会前往最近的城市销售葡萄。进城的旅途辛苦且具有不确定性。那时还没有公交车，他就用大筐把约 1000 斤的葡萄运到主路边，等待搭乘第一辆路过的车进城。车开往哪里，他就去哪里，有可能是杭州、宁波，甚至是上海。他将葡萄整筐卖给批发商，可以卖到 1000 元左右，金先生从中赚得 20 元，这在当时算是不错的收入了。

慢慢地，他作为中间人的名声越来越大。他的客户，也就是那些水果批发商，发现随着中国经济的发展，他们的生意也逐渐红火起来，希望扩大业务。1998 年，金先生把他的第一位采购商带到村里。随着批发业蓬勃发展，采购商提高了订购的数量。除了庵东镇，附近的一个村庄也种起了葡萄，采购商向农民提供的价格和农民自己把产品运到市场能卖出的价格一样。

这种方式对农民显然是有利的，但即便如此，当时的农民也很难扩大种植规模。他们手中没有多少现金，无力支撑起更多的业务，他们不确定种植葡萄的长期效益如何，也不确定未来会遇到何种风险。此外，当地将在 1999 年进行新一轮的土地承包。在中国农村，农业用地归集体所有，个体农民通过承包土地获得使用权益。

那时，金先生发现了一个品质更优良的葡萄新品种——巨峰。在金华经营合作社的朋友可以向他提供种子。然而，要推广这个新品种还是困难重重。物流问题仍然存在，当时从镇里到上海需要 10 小时车程，这个距离对卖家和买家来说都太远。哪怕是相对较近的宁波市区、杭州和温州，交通也算不上

庵东镇葡萄种植基地

很便利。

  2008年，杭州湾跨海大桥的开通改变了这个局面。这座大桥全长36公里，将浙江境内的嘉兴市和宁波市连接起来。通过嘉兴，可以快速直达上海。

  我认为基础设施是从贫困走向繁荣之门的第一把钥匙。当谈及或写到扶贫、乡村振兴、经济发展或建设小康社会时，我总会用下面这个例子来说明基础设施的重要作用。

  想象一下，在中国偏远农村地区生活着一户贫穷的农民。他们的收入仅能勉强糊口，生产的东西仅能满足日常需求。他们的生活充满了巨大的不确定性，一次歉收、一个季节的恶劣天气或一次自然灾害都可能让他们陷入绝境。他们有足够的土地和劳动力来生产更多的粮食，他们本可以卖掉多余的粮食，但最近的市场需要经过6小时的艰难跋涉，山路崎岖，河流湍急。卖货所得的微薄收入与需要付出的努力和可能承担的风险完全不相称。如此，这个家庭便会一直处于贫困之中。

但如果能在山里修一条路，在河上架一座桥，把6小时的跋涉减少到1小时，就有可能改变这个家庭的状况。现在，他们愿意种植更多作物，这是值得的，因为不用费太多力气就可以把粮食运到市场上卖掉。获得的收益可以再投资于农场、住房、家庭或教育。有了一定的积蓄后，他们可以买一辆三轮摩托车，去市场更快捷，还可以把东西卖到更远的地方去。

现在，金先生一家将命运掌握在自己手中。他们有能力脱贫，确保不返贫，并免受各种不可预见的风险影响，一步步过上小康生活。他们凭自己的努力就可以做到这一切，不需要政府的更多扶持。最初的基础设施投资是会有回报的。

杭州湾跨海大桥就是一个真实范例。这样的类比并不是完全恰当，因为庵东镇村民的生活不至于那样贫困，但其中的原理是一样的。有了这座桥，庵东农民去上海的时间从10小时缩短到2小时，同时他们所能触及的潜在市场也更大了。通过这座桥，他们不仅可以快速到达上海，前往安徽的合肥以及江苏的南京、苏州和无锡等城市也更加便捷。随后不久，山东、北京，甚至东北地区也都触手可及。而且，这个发展的过程明显是双向的。由于经济日益繁荣和物流不断改善，杭州湾南岸地区对北方的产品和货物也有了更多的需求。

在全面建成小康社会进程中，基础设施的改善体现在方方面面。乡村田间公路是另一项关键基础设施，尽管规模小，但同样受欢迎。在"精准扶贫"战略中，中国政府作出的承诺之一就是村村通公路。还有两项基础设施建设同样取得显著成效：其一是政府提供财政和技术支持升级灌溉设施，防洪效果更好，也有助于减轻洪水造成的损失；其二是建设新型温室，将以前的竹制棚架升级为钢制结构。此外，庵东镇地方政府还牵头组织了"葡萄节"等活动，间接支持葡萄产业的发展。

2010年，金先生和另外四人创办了自己的合作社，开始和更有实力的采

葡萄丰收

购商合作。这些采购商本身也在寻求产量高、质量有保证、产品可追溯、管理体系可靠的供应商。合作社的年销售量在 300 吨至 400 吨，当时的收入虽然算不上太高，但至少比较稳定。

到 2011 年，当地 50% 至 60% 的土地都种上了葡萄，然而，葡萄产业的成功也带来一个问题。收成好的时候，亩产可达 3000 斤。若是大丰收，亩产可能会多达 5000 斤。这个数量对他们的既有市场来说多得难以承受，况且他们还缺乏拓展市场的途径。多余的产品也不能一弃了之，不然会造成严重的环境问题。唯一的解决办法就是减少藤蔓，但也实属无奈之举。这时金先生提出一个有创意的替代方案——将未成熟的青葡萄出口到日本制成罐头。这样做的好处是，既能处理多余的产品，又能创造初级加工的工作机会。

随着庵东葡萄产业快速发展，2012—2013 年，当地人开始使用相应的数据跟踪和统计分析手段来管理他们的产业。据估计，当地有种植 2 万亩葡萄的潜力，价格按每斤 6 至 7 元计算，亩产收入 1 万至 1.5 万元，总收入可达到 2 亿元。

2013—2014 年，当地部分村 60% 的土地都成了葡萄园。他们的业务覆盖了整个市场链：青葡萄销往日本，成熟葡萄则分为三种品质。品质最好的葡萄会进入专门的食品连锁店，第二等的进入超市，第三等的用来生产葡萄汁。即使第三等品质的价格也能卖到每斤 2—3 元。

2015 年，合作社开始着手解决困扰整个葡萄产业的环境因素。他们面临的主要问题是季节性台风和夏季干旱，解决方案是建立一个由五家冷库组成的连锁体系。这些冷库由合作社和当地政府共同出资建造，总容量为 150 吨，可以将葡萄保鲜长达一个月。这对调整产能和调节供需有很大帮助。冷库的建成不仅使葡萄园的产量免受环境因素影响，而且有助于保持葡萄的质量和价格，减少浪费。于是这种设施迅速推广开来，有效减轻了农民的后顾之忧。

金先生的妻子年四玲是合作社的法人代表。她是一个非常能干的人，是宁波市妇代会代表，曾获得省妇联颁发的奖项。2012—2022 年，金先生担任慈溪市第十六届和十七届人大代表，这是一个由公众直接选举产生的职位。作为一名企业家，金先生将助力保障国家粮食安全看作自己的主要责任。当地农民支持政府的工作，认为政府在"三农问题"上为百姓做了很多实事。

虽然合作社的主业是葡萄种植，但一直以来蔬菜种植作为副业也收益颇丰，那些不适合种葡萄的土地得以利用起来。这里主要的蔬菜种类为西兰花和大豆，就在我拜访金先生那天，仓库里一片繁忙，二十多个农民正准备将西兰花打包发货。种西兰花的另外一个好处是，在冬天葡萄市场进入淡季时提供季节性的工作机会，每天可以给农民带来二三百元的收入。当地的西兰花销往不同市场，我访问当天的那批西兰花目的地是德国。

金先生的合作社现在有 55 名全职成员，再加上季节性雇员，总人数达 100 多人。其海外市场已拓展到日本、德国、美国、澳大利亚和加拿大。目前，葡萄和蔬菜两方面业务的总收入和 10 年前比有了质的飞跃。

金先生在接下来三到五年的目标是，确保蔬菜质量，巩固合作社作为稳定供应商的声誉。他还希望在产品系列中提高冬季蔬菜的比例，延长冬季的供应期。

与此同时，他表示，庵东镇农民的成功源于认识自身的优势，并及时抓住了机遇。他们的土地肥沃，产品品质优越，可以卖出好价钱，也容易进入较为发达的市场。他们会努力把业务做得更好，承担社会责任，为保障国家粮食安全做出更大贡献。

第二章

穿山跨海
走出去

浙江的商业传统使之成为中国对外贸易的主要省份之一，已与世界上220多个国家和地区建立直接经贸关系。2023年，全省进出口贸易总额达4.9万亿元，其中出口额3.57万亿元，占全国出口总额的15%。

在"一带一路"倡议统领下，义乌、宁波、舟山陆海相连。"义新欧"中欧班列辐射50多个国家和地区，通达160多个城市。

中国（浙江）自由贸易试验区成立于2017年，职责之一是设计并实施创新制度措施，试点有效后进行全国推广。2020年，国务院批复同意中国（浙江）自由贸易试验区扩区，使其成为全国首个明确扩展区域的自由贸易试验区。除中国（浙江）自由贸易试验区外，浙江还拥有跨境电商综合试验区12个，在全国率先实现跨境电商综合试验区省域全覆盖。

宁波舟山港：
浙江海洋经济的生力军

宁波位于浙江省东北部，地处杭州湾的一角。中国从唐代开始出现大规模航海活动，自那之后，宁波便一直是一个港口。第一次鸦片战争后，中国于1842年被迫对外开放五个"通商口岸"，宁波便是其中之一。

舟山是浙江最小的地级市，它由宁波以东海域的群岛组成。那里星罗棋布地散落着数百个岛屿，其中的100多个有人居住。宁波和舟山都有体量巨大的深水港设施。两地的大小港区由浙江省海港投资运营集团统一管理，该集团是一家拥有3万多名员工的国有企业，其业务包括港口运营、航运服务、金融、开发和建设。截至2022年底，集团总资产达1760亿元，是浙江省最重要的国有企业之一。

宁波舟山港是中国最大的石油和铁矿石运输枢纽，也是煤炭、粮食和集装箱货运的重要枢纽。各港区的合并总吨位使得该港口成为世界第一大港，2023年，其货物总吞吐量达到13.24亿吨，集装箱吞吐量3530.1万标准箱，

宁波舟山港

超过了上海和新加坡两大港口的吞吐量。该港口航线总数达到 300 条，连接着世界上几乎所有拥有海港设施的国家。它是"一带一路"倡议中的关键一环，直接服务于海上丝绸之路，是通往西方的陆路通道的重要中转站。

金塘港区是宁波舟山港核心港区之一，2003 年 5 月 13 日，习近平总书记考察金塘岛时指出："这是一块风水宝地，是很好的天然良港，开发前景广阔。"2004 年 2 月 17 日，舟山甬舟集装箱码头有限公司成立，开发建设宁波舟山港金塘港区大浦口集装箱码头，该项目是推进宁波舟山港口一体化战略决策的起步和示范工程，2010 年 7 月 25 日，大浦口码头正式投入试运行。

我在甬舟公司工作人员的陪同下参观了大浦口码头。

该港口有 1160 名员工，实行两班倒的工作制，其工作流程是高度自动化的。码头上有 22 台桥吊，这种庞然大物般的设备起升高度 45—52 米，其宏大的身姿给我留下了十分深刻的印象。它已实现远控自动化运作，码头上基本看不到工作人员。此外，堆场还有52台龙门吊，这些起重机基本实现自动化，一名操作员可监管7台设备自动化作业。港口内配备了112辆集卡用于内部运输。目前，40多辆已实现无人驾驶，有人驾驶卡车也可以改造为无人驾驶，这是一个正在进行的过程。整个操作依靠"双芯"大脑，通过智控中心的巨大屏幕可以实时查看整个港区的作业状态，这同样给我留下了深刻的印象。

在建造港口之前，岛上的主要经济活动是制盐、捕鱼和农耕。在港口设施的外围，一群古老的村庄建筑矗立如昨，提醒着人们过去的生活。在建设港口前，当地村民都得到了重新安置。

屠益辉是大浦口码头的一位桥吊司机，今年38岁，是土生土长的岛上居民，他的父亲是一名铲车司机。屠先生已婚，有一个儿子，一家人仍然住在岛上。当年从学校毕业之后，屠先生先是进了一家摩托车修理厂当学徒工。到2008年，岛上的汽车变得越来越多，他开了自己的修理铺。有一天，他的父亲看到了一则公告，宣布要建设港口的消息，以及一则与之有关的员工招聘广告，这似乎是一个极好的机会。后来，屠先生也确实抓住了这个机会，并于2010年加入舟山甬舟集装箱码头有限公司，成为首批接受桥吊司机培训的员工之一。他最初在龙门吊上做实习生（当时是全手工操作的），并完成了为期三个月的培训计划。但他一直都想转岗到桥吊上，之后，经过九个月的培训，他获得了桥吊司机的资质。操作桥吊这种起重机是一项比较难的工作。在高空上的操作室内，司机随着操作室移动，吊箱过程中需要小心地盯着吊具，保持高度专注，保障集装箱能顺利装卸上船。

桥吊远程操作是从2021年开始的，桥吊司机们迅速学习远程操作知识，调整自身以适应这一变化。他们使用模拟器接受了系统化的培训。前三个环节——理论、教学和认证由外部公司提供，最后一个环节由公司进行测试。自动化操作使司机们可以从面前的屏幕看到桥吊和集装箱的多个视图，工作环境更加舒适了，安全性也提高了。屠先生的收入也有了大幅增长，买房买车的他过上了幸福的生活。2016年，他被评为舟山市模范技师。现在的屠先

港区作业一派繁忙景象

生也是一名老师傅，在我和他聊天的时候，他正在给一位徒弟教学，为参加一项全国比赛做准备。

关于"八八战略"，甬舟公司的一位管理人员认为，舟山港域是发展海洋经济的一个完美例子。港口十分关注这一战略，将其纳入到了集团的整体战略考量中，并已就该主题展开了培训。他认为，在"八八战略"的指导下，港口运营的经验可以更有效地促进公司发展。

港口未来的计划包括全面实施智能体系，不断引进各种新技术，提高人均产出，增加整体货物吞吐量，并确保员工的福祉。为此，港口将每月定期对员工进行调查评估，以解决他们的关切，并监测员工流失情况。这个过程是双向的，也能够确保工人为社会做出积极贡献。

杭州湾跨海大桥：
海上经济高速路

钱塘江是流经杭州市的一条江，杭州湾是钱塘江入东海形成的喇叭状河口湾。在中国，这个海湾以其惊人的涌潮——钱塘潮而闻名。钱塘潮最高可达 8.93 米，潮水速度最快可达 10 米 / 秒，是天下闻名的浙江奇景。杭州湾的存在使同处浙江北部的嘉兴与宁波分隔开来。

嘉兴市位于杭州湾的北面，因其在中国共产党成立过程中所起的作用而闻名。1921 年 7 月，中共一大在上海法租界开幕，只有 13 名代表出席。但会议中途，法租界巡捕突然闯入会场搜查，导致会议被迫中断。代表们在嘉兴南湖的一艘游船上重新聚集并完成了大会议程，大会讨论通过了中国共产党第一个纲领，并宣告了中国共产党的正式成立。"不忘初心"一直是中国共产党的重要思想，中国共产党的领导人，尤其是习近平总书记，曾多次提及"红船精神"。

上海位于嘉兴东北方向不到 100 公里处，尽管在世人的认知中上海属于

杭州湾跨海大桥（凌齐亮 摄）

长江三角洲地区，但上海的部分区域也位于杭州湾畔。

宁波市位于杭州湾以南，其区域边界从市中心向东延伸了相当长的一段距离。事实上，杭州湾跨海大桥的南端距离宁波市中心还有 70 多公里之遥。

历史上，杭州湾最西端的渡口在杭州境内，海湾南北两地交通十分不便，并且随着经济发展，这一问题变得日益突出。20 世纪 90 年代，浙江省相关部门进行了多次研究，其中一个计划是在比今天的杭州湾大桥更靠东的位置建造一座桥梁，那里距离上海和宁波的中心区域更近。但当时上海政府的主要精力放在了位于海湾中心的洋山岛深水港的开发上，该项目本身就需要造一座长度超过 30 公里的跨海大桥，因此无暇他顾。最终，浙江政府决定在省内的土地上修建一座大桥，并选定了现在的位置。

造桥计划于 2003 年获得国家主管部门批准，并于当年开始施工。整座桥于 2007 年竣工，2008 年 5 月 1 日通车运营。工程总投资约 118 亿元人民币。大桥全长 36 公里，桥面为双向六车道高速公路，是沈阳—海口高速公路（国家高速G15)组成部分之一。该桥在2008年建成时曾为世界上最长的跨海大桥。

这座从设计到建设施工全部由中国自主完成的跨海大桥，攻克了多个世界性难题，创造了诸多世界之最，它的贯通被写入《中华人民共和国大事记》。在设计建造的过程中，大桥建设者们面临着许多挑战。相关因素包括工程的规模、潮汐的力量（世界上最高的潮汐之一）、海浪的高度、台风的风险，以及由于桥梁跨度太大，不同位置的海床可能有着不同的特点。在某一个点上，建设团队在海床下大约50米处发现了甲烷沉积物，在继续施工之前必须将其排出。为了应对修桥过程中所面临的挑战，建设者们采用了许多创新方法，包括使用钢管桩而不是混凝土桩，前者在灵活性和强度上都优于后者，并且可以防止腐蚀。团队面临的另一大难题是架梁。在杭州湾南岸，有长达10公里的滩涂区，起重车和起重船开不进去。为此，大桥建设者们创造性地改进了"梁上运梁"。团队研制了一辆有640个轮子的特殊卡车，被称为"千脚蜈蚣运梁车"，将压力均匀分布在四片已架好的桥梁上，完成了世界上罕见的高难度箱梁架设。

杭州湾跨海大桥通车之后，车辆从桥上飞驰而过，至今已有上亿车次。沪杭甬三地间路网格局被彻底改变，茫茫滩涂转变为国际化产业聚集区，长三角城市群走上飞速崛起之路。无论是桥本身的建造历程，还是这座桥带来的影响，都足以让这座桥成为一个传奇。

杭州湾大桥最令人瞩目的特征之一是桥的中间有一个海中平台"海天一洲"。它分为观光平台和观光塔两部分，观光平台提供展览、购物、餐饮、住宿、休闲等综合性特色服务，观光塔是一座高145米的塔楼。不巧的是，当我到达这个平台时，早已过了开放的时间，我没能爬上塔去欣赏周围的海景，但我非常感谢平台的工作人员，他们为了向我表示欢迎，在岗位上留到很晚。正是在这座塔内，我倾听了这座桥的故事。

现在，在这座大桥以西40公里处，是横跨杭州湾的第二座公路桥——嘉绍大桥。顾名思义，这座桥将嘉兴和绍兴跨海相连。嘉绍大桥在杭州湾跨海大桥通车后的5个月即动工，并于2013年正式通车运营。2022年11月开始

2008年5月1日，杭州湾跨海大桥正式通车后，南侧第一辆出发的汽车

建设的杭州湾跨海铁路大桥，则将浙江的宁波、嘉兴与江苏的苏州、南通之间的高铁线路连为一体。一个有趣的事实是，在这本书里面，这几个地方我都有提到，有的还是以专篇叙述的形式。

一个真正让人惊掉下巴的项目也正被提上日程——在东部更远的东海上建造一系列的桥梁，借助东海大桥及其延展路段将宁波、舟山和上海连接起来，所以被称为沪甬、沪舟甬跨海通道。

行文至此，我们不妨从一个更宽广、更国际化的角度来审视一下基础设施的问题。

在建设大型基础设施方面，中国现在已是无可争议的世界领导者。我之前曾提出并解释我本人持有的一个信念，即基础设施是打开贫困之门并走向繁荣之路的第一把钥匙。浙江的许多地方和基础设施可以当之无愧地被视为

"一带一路"倡议的关键要素，包括义乌小商品市场、"义新欧"中欧班列、义乌铁路口岸、宁波舟山港。中国认识到了基础设施在经济发展中的重要性，因此将"设施联通"列为"一带一路"五通的重要组成部分。

中国的基础设施建设也并不是为了赚钱。中国基建的目的是为人们提供一种快速有效的交通方式，让人们能够更便捷地长途出行，便于其从事各种经济活动，并尽可能地扩大活动规模。

杭州湾跨海大桥就是一个很好的例子。大桥的过桥费最少是 80 元，这个金额不太可能抵偿建造、维护和维修大桥的费用，但这不是重点。这座大桥横跨杭州湾，让天堑变通途，为居住在海湾南北两地以及更远处的人们出行提供了极大的便利。它对国家和人民的价值是不能通过计算其成本和收入来衡量的。

基础设施建设是"一带一路"倡议的重要组成部分，浙江将继续在省级、国家级、国际级等层面开展效益高、协调强的综合项目，为构建人类命运共同体这一使命贡献自己的力量。

前湾新区：
新时代的新区域

前湾新区是宁波市的一部分。它位于市区以北约 70 公里处，杭州湾跨海大桥的南面，地处上海、杭州和宁波之间，有着优越的地理位置。

"八八战略"的第二个目标是：

进一步发挥浙江的区位优势，主动接轨上海、积极参与长江三角洲地区合作与交流，不断提高对内对外开放水平。

"八八战略"是面向浙江省的一项发展规划，而在 2019 年 12 月，中共中央和国务院发布了《长江三角洲区域一体化发展规划纲要》，对前湾新区赋予了特殊使命，其中包括：

推动宁波前湾沪浙合作发展区、嘉兴全面接轨上海桥头堡建设，打造上海配套功能拓展区和非核心功能疏解承载地。

宁波是中国主要的重工业中心之一。驱车前往宁波舟山港时要先上一条高速，走在上面，可以看到大片的重工业工厂从公路的两侧向四面八方延伸。相比之下，前湾新区的发展重点是作为中国式现代化重要组成部分的先进制造业。前湾新区下一步的发展方向是形成大型产业集群，并进一步发展成为综合产业链基地。这一构想还延伸到了工业和制造业之外，纳入了包括智库和研究所在内的学术研究机构和组织，以确保新科技能够得到及时有效的应用。

过去 13 年，前湾新区已从上海引进 30 多个项目，项目总投资超过 1100 亿元人民币。其中，上汽大众的项目占地 3600 多英亩，总投资约 310 亿。上汽大众供应商园区占地面积约 3000 亩，入驻了 34 家汽车零部件供应商。吉利集团也在前湾新区建立了一个大型的研发中心。在另一个方向上，几家领先的本地企业已在上海进行互补性、延伸性产业发展，并积极开拓当地市场。

前湾新区通过与上海知名高校和科研机构合作，引进了一批专业的科技孵化器和优质创新创业项目，并随之引进了一批高层次人才。复旦大学宁波研究院大生态在上海设立了上海创新中心，并在前湾新区设立了复旦杭州湾科创园。

在前湾新区，我见到了两位重要人物，沪甬合作示范区办公室主任张伟东和复旦大学宁波研究院常务副院长崔峻博士。

张先生是衢州人，曾就读于金华的浙江师范大学。他 1991 年大学毕业后来到宁波，在前湾新区工作至今已 15 年有余。他给我讲述了前湾新区发展的故事。当他刚到这里时，整个地区几乎一片滩涂。当地主要的经济活动是捕鱼、盐滩制盐和种植棉花。

事实上，前湾新区有一些陆地是由潮汐这样的自然运动再加上后期的围涂形成的。在自然形成的风貌基础上，前湾新区在改造自然的同时，也进行生态修复与保护。今天，这里拥有了一个国家湿地公园。

这个地区有许多值得游览的地方。浙江拥有大片的山区,宜居土地并不多。前湾临近杭州，靠近杭州湾，地理位置非常优越，经过适当的发展建设之后，便利的交通是可以想见的。习近平总书记担任浙江省委书记时便非常清楚该地区的潜力，并积极推进杭州湾跨海大桥的建设，他曾六次来到前湾，并出

前湾新区

席了杭州湾跨海大桥的奠基仪式。

最初，前湾新区的面积仅为10平方公里。2010年，它被市政府接管，宁波杭州湾新区正式挂牌成立，2019年7月，浙江省政府批复同意成立宁波前湾新区，新区规划控制总面积达到604平方公里。2023年，前湾新区本级实现地区生产总值913.9亿元。

崔博士是杭州人。从1985年至2000年，他一直在复旦大学，完成了从学生到教师的角色转换，他的专业领域是化学。之后他去了北京，在新华社工作了三年。2003年，他回到上海，在一家由复旦大学教授创办的公司工作，这是中国第一家做DNA测试的公司。2013年，他加入复旦大学宁波研究院，担任常务副院长。

该研究院的性质属于事业单位，但享有一定程度的自主权。我认为西方与之最接近的对等机构是QUANGO——一种由政府资助、其成员由政府任命的半公共的行政机构。据崔博士回忆，在研究院建立初期，仅有他和现任院长、执行院长三人，经过 11 年的发展，目前已有 130 多位来自各地的优秀人才。研究院的核心业务是推动新技术的产业化和商业化，其大生态主要职能包括提供孵化器、促进融资和提供支持服务。研究院还会举办一些关于商业化的研讨会，为科学家提供商业方面的指导。迄今为止，该研究院已孵化 700 多个产业化项目，其中 20 多个宁波本土项目被评为国家级高新技术企业。

研究院在半导体、新能源新材料和生命健康领域尤其活跃。在生命健康领域，研究院利用与地方政府的联系孵化高科技项目，并通过复旦大学与上海众多医院的联系，帮助企业利用大数据开展临床试验。目前，研究院孵化项目正在稳步建立自己的声誉，其中不少企业在《自然》等顶级期刊上发表了文章，并取得了一些具体成果，其中比较典型的是提前 4 年预警某些高发癌症的早期诊断方法。

半导体不仅广泛应用于 IT 行业，在电动汽车和可再生能源等中国处于领先地位的行业也有大量应用。该研究院近年来在科研创新上取得了长足进步，研究院通过一体化措施来支持这一进程，鼓励其成员在做好本职工作的同时进入高校从事相关工作。

崔博士进一步向我介绍了这一过程。企业、研究院和大学之间存在一种循环的关系。企业发现问题，研究院提供资源，大学找到解决方案并将其反馈给企业。这不仅需要科研人员的辛苦攻关，同时政府也要发挥作用。就长三角区域一体化发展而言，上海在科技和金融方面有着雄厚的实力，宁波则有着出色的工业实力，且两地的能力都在不断增强。所以从分工合作上来说，上海将负责提供科研成果和资源，宁波负责创建孵化器和产业化落地。从更广泛的角度来看，所有地区都有自己的优势，将不同优势整合在一起有利于它们彼此赋能，从而实现一加一大于二的效果。

"义新欧"：
北半球的金丝带

在上一章，我们探讨了义乌作为"世界小商品之都"的内在经营逻辑。像义乌这样规模的市场，其正常运转需要庞大的物流基础设施来支持，这些基础设施必须全面、高效，且必须进行有效整合。我参观了义乌铁路口岸，与铁路口岸的工作人员以及天盟实业投资有限公司（下文简称"天盟公司"）的员工进行了交谈。该口岸的基础设施、列车和其他设备由中国最大的国有企业之一"中国中铁"提供，而班列运营则由"义新欧"集团的全资子公司，也就是天盟公司负责。中铁与天盟公司必须紧密合作，并与政府、义乌市场管理部门和中国海关密切协调。除此之外，双方还需要处理与所有国际伙伴之间的各种事务。

赵继平是中国铁路金华货运中心义乌经营部的党总支书记。他于1987年加入中国铁路总公司，此后一直在中国铁路浙江分公司工作。2013年以来，赵书记在义乌铁路口岸工作，当时该站第一次考虑将自身打造成国际铁路货运主要枢纽的可能性。义乌铁路口岸隶属于上海铁路局，是该局下属最繁忙的车站之一。

赵书记对自己的职责有着非常清晰的认识——为中欧班列提供服务，并确保口岸的设施及时得到维护和更新，确保它们的高效工作，并最终为中欧班列的客户提供支持。他还将自己视为"八八战略"和"一带一路"倡议的服务人员。他的目标是发展业务，增加这条专线上的列车车次。他为自己能参与到国家发展的重大工作中而感到自豪，此外，他通过工作与许多外国合作伙伴、记者、学者以及专业同行等广泛的人群建立起关系，这也让他在工作中感受到国家铁路事业的日益发展和强大。

2014 年，"一带一路"倡议还处于起步阶段。2014 年 11 月 18 日，一列火车从义乌出发驶向马德里，只用了 21 天就走完了 1.3 万公里的路程。通往马德里的铁路成为"一带一路"倡议最早的成果之一，打开了义乌和欧洲经贸往来的新通道。

自 2014 年以来，为使这一陆路交通线正式确立下来，中国和国际合作伙伴做了大量工作。目前"义新欧"中欧班列（义乌平台）已开通运行义乌至中亚五国、西班牙、德国、俄罗斯、白俄罗斯、格鲁吉亚、越南、老挝等 19 个方向的国际货运点对点直达班列线路。其中义乌至马德里已基本实现每周去程四列、回程二列的双向常态化运行，途经中国、哈萨克斯坦、俄罗斯、白俄罗斯、波兰、德国、法国、西班牙 8 个国家。途中有三处轨距变化并因而需要更换机车：中哈边境、白俄罗斯和波兰边境，以及西班牙边境。截至 2023 年 3 月底，义乌—马德里线上往返运行 5460 列，发运量突破 45.2 万标箱。运输的主要产品有机械、电子产品和汽车零部件。

2015 年 12 月，经中国国家口岸办批准，义乌铁路口岸临时对外开放，目前是浙江省唯一的铁路临时对外开放口岸。义乌铁路口岸已被列入中国国家口岸发展"十三五"规划，是浙江省"一带一路"战略的支撑点，是国家发改委 8000 亿铁路投资项目之一，也是义乌市与上海铁路局共同推进的中国 50 多个多式联运中心之一。

"义新欧"中欧班列（布拉格—义乌）

  铁路口岸的扩建规划始于2014年，此举旨在使其充分发挥"一带一路"配套设施的作用。规划总用地约1616亩，按年吞吐量40万标箱设计，分为两个阶段建设：第一阶段项目占地215亩，投资约1.5亿元，于2015年5月开工，2016年11月正式投入使用，一期建有联检大楼、查验平台、监管仓库、集装箱空箱重箱堆场、熏蒸场地、停车场等设施。肉类指定口岸于2016年7月获批，2018年1月9日通过正式验收。二期将会重点建设一个中心和四大物流板块（一个多式联运中心，四大物流板块分别是仓储物流、口岸物流、冷链物流、公路物流），不断完善口岸功能，提高通关效率，形成中欧班列的集发优势、铁海联运的集约优势，促进义乌进出口贸易的稳步增长。

  作为海上丝绸之路的关键一环，宁波港与义乌口岸逐渐实现融合。2023年12月31日，中国首条"双层高箱集装箱"铁路——甬金铁路正式通车运营。

"义新欧"中欧班列义乌铁路口岸装卸繁忙

该线路全长约188.3km，跨越金华、绍兴、宁波三市；设计时速达160km，开行双层集装箱，并满足运行时速200km动车组的标准建设。该项设施的顺利扩建将实现海铁联运与中欧班列双向连通，共同串起一条海陆丝绸之路。

承担"义新欧"中欧（亚）系列班列运营工作的天盟实业投资有限公司成立于2012年。从2001年中国"入世"后，义乌逐渐从国内供应商转变为出口市场供应商。当时，义乌的商品通过公路用卡车运往中亚，到2009年，就有超过50万个标箱的商品通过卡车运往宁波，再通过海运运往其他市场。这是一个缓慢而昂贵的过程，难以满足市场的需求，因此，习近平总书记提出在"一带一路"倡议下建设一条连通亚洲和欧洲的铁路线是非常及时的。

"八八战略"刚刚走过二十周年，"一带一路"倡议也刚刚走过第一个十年。作为国内最早参与中欧班列规划和运营的公司之一，天盟公司积极响应"一带一路"倡议和"八八战略",成为义乌打造世界"小商品之都"和加快建设国际陆港城市的载体。

  中欧班列的运营涉及多方面的职责。天盟公司的成功依赖于政府、铁路和海关当局的有效支持和合作。来自天盟公司的刘明认为,中欧班列最大的贡献是将"一带一路"的概念转化为具体的项目、业务、设施等。刚入职时对公司几乎一无所知的他,现在已将全部精力投入到了推广铁路线的工作中,新线路的增加和新的国际合作伙伴的加入都会让他感到由衷高兴。在中亚,他看到义乌的商品改善了当地人民的生活,看到中欧班列为改善沿线和全球各地人民的生计做出了贡献,意识到自己在构建人类命运共同体的过程中发挥了作用,他因此获得了无比的成就感。

第三章

绿色生产力
新赛道

浙江是"绿水青山就是金山银山"理念的发源地和率先实践地。

钱塘江从源头到杭州湾河口入海处蜿蜒612公里，是浙江最长的河流。它穿过衢州，途经金华，在不同地方被赋予不同名字。由于蜿蜒曲折的形态，钱塘江也被称为"之江"，浙江也因此得名。钱塘江大潮潮峰高达9米，是世界上最大的潮涌之一。千岛湖是浙江最大的人工湖，因其中上千座美丽的岛屿而得名。除台州的天台山外，浙江名山还有中国佛教名山之一的舟山普陀山、中国著名避暑胜地之一的湖州莫干山、联合国教科文组织世界遗产名录中的衢州江郎山、迷人的世界地质公园温州雁荡山。

浙江也是中国生态环境数字化改革和生态环境数字"大脑"建设试点省份。在联合国《生物多样性公约》第十五次缔约方大会第二阶段会议上，浙江向世界展示了环境保护和生物多样性保护方面取得的成就。为支持国家碳达峰与零碳排放目标，浙江建立了省、市、县多层次、多领域、多样化的低（零）碳试点示范生态体系，并推动国家绿色技术交易中心建设。

余村：
保护和发展协同的典范

余村是一个只有几百户人家的小村庄。在 20 世纪八九十年代，这里一度十分繁荣。尽管此前经济较为落后，但到 20 世纪 90 年代末，该村工人的月收入已达到 1000 元人民币，村民的人均年收入达到了 3000 元以上，与附近富裕的省会城市杭州相比相差无几。

但这种繁荣是以牺牲环境为惨痛代价换来的。余村周边的山上有大量的石灰石矿床，于是石灰石采石业和水泥制造业成了当地的经济支柱。这一产业从 20 世纪 70 年代开始发展，随之而来的是当地的环境遭到了严重破坏。山区的景观变得满目疮痍，村子里的土地和流经村庄的河流也受到污染，村庄周围美丽的群山永远笼罩在层层烟雾之中。另外这里也是一个危险的地方，采石场经常发生事故，不时有人付出生命的代价。

时任浙江省委书记的习近平正是在余村首次提出了"绿水青山就是金山银山"这一说法。2003 年，浙江启动了"千村示范、万村整治"工程，作为

如今余村的秀美生态画卷

余村经济支柱的水泥厂被勒令关闭，不久之后，三座采石场也被相继关停。这给当地经济造成了严重影响。在2005年之前的两年时间里，余村的集体收入从300万元下降到30万元。

但当地政府、党支部和余村人民下定决心找到新的发展道路，扭转余村面临的困境。凭借坚定的信念、辛勤的付出和明智的决策，他们最终做到了这一点。余村现在已经发展成为一个非常受欢迎的旅游目的地，吸引着来自各地的游客。

2020年，已成为中国国家主席的习近平再次来到余村，向该村取得的成就表示祝贺。他所看到的是一个旧貌换新颜的余村。2019年，90万游客来到余村旅游，给村民带来近2800万元人民币的收入。旅游业的成功极大推动了该村的经济发展，村民人均收入从2005年的8700元增长到2019年的5万元。新冠肺炎疫情暴发后，旅游业普遍受到较大冲击，余村也不例外，但即使在2022年，来此旅游的游客也超过了70万人，全村全年旅游业收入超过3500万元，人均收入达到6.4万元。正如习主席在2020年考察余村期间所说："生态本身就是一种经济。保护生态，生态也会回馈你。"

经人介绍，我认识了两个当地人，葛元德和俞佳慧，并听他们述说了各自的故事。两人都是土生土长的余村人，并形成一个有趣的对比。葛元德出生于1962年，而俞佳慧是一位20多岁的年轻女性。

葛老先生的童年时代非常艰难，他的家人为了生计苦苦挣扎。他们穿的衣服通常十分破旧，由于家里有四个孩子要养活，一家人有时甚至吃不饱饭。他的祖父来自台州，父母都是余村的农民工。葛老先生一直读到小学四年级，但作为家里最大的孩子，他只能辍学出去谋生，以贴补家用，在那个年代，这种情况是再常见不过的。1975年，年仅13岁的他开始干活养家，为村集体放牛。当时，家里人靠在山上捡拾柴火维持生计。由于放牛属于集体劳动，报酬是以工分的形式计算发放的。

在葛老先生17岁左右的时候，村里开办了第一个采石场，就在距离村子几公里的地方。他在厂里找到了一份采石工的工作。对这个年轻人和他的家庭来说，能找到一份稳定的工作并领着体面的工资无疑是一大幸事。

葛老先生在25岁时与他的妻子相识并结婚，她也是安吉县本地人。他们通过媒人认识，当时村里大多数人都是通过这样一种方式相亲、结婚。在某些地区，人们似乎更多是通过"专职"的媒人而不是家庭关系来找配偶。根据当时的社会标准，25岁结婚已经是相对较晚的年纪，但是作为计划生育国策的一部分，当时政府的政策便是提倡晚婚晚育。葛老先生现在有一个年近40岁的儿子和一个5岁的孙子。他的儿子是通信专业的大学毕业生，但后来回到村里帮着打理家里的生意。

采石场在21世纪初被关闭时，葛老先生和许多人一样，不得不想办法另谋生路。他在安吉县找到了一份卡车司机的工作，然后一干就是10多年，一

如今的余村已是旅游胜地

直到了 2018 年。当时，旅游业已经开始在村里站稳脚跟，他的儿子在家里经营着一家文化用品店。他们家的房子很大，有好几层楼，是典型的余村风格的住宅。2020 年，他们决定扩大经营范围，开设一家民宿和一家餐厅。两个项目的总投资为 500 万元，资金一部分来自商业借款，一部分来自政府设立的优惠创业贷款计划。他们的民宿 2022 年正式开业，有 7 间客房可供出租，房间干净、明亮，内部进行了精心设计并配备了各种现代化设施。民宿楼体的正面采用黑白两种配色，并采用了较多的玻璃元素，非常有设计感，这样一栋建筑即使放在阿尔卑斯山的滑雪胜地也不会显得突兀。如今，他们吸引着来自全国各地的游客，当我们聊完时，他家的餐厅已经开始忙碌起来——对于 10 月下旬的一个周六来说，生意算是相当兴隆了。他们家的文化用品店

"绿水青山就是金山银山"纪念碑

也扩大了所售产品范围,以葛老先生自己制作的石雕为特色商品,他在采石场工作时曾学到一门古老的石材切割技艺,现在他将其派上了新的用场。

俞佳慧的故事与葛元德大不相同。她出生在1997年,是一位受过良好教育、很有魅力的年轻女性。她在邻近的江苏省省会南京完成了大学的学业,学习的是人文学科,具体来说是园林绿化和地理方面的专业。

她的父亲最早在当地一家石灰石采石场当司机,采石场于2003年关闭后,他面临着和葛元德一样的困境,需要重新找一份工作。当地盛产优质竹子,许多当地人从事竹板和竹筷等竹制品的加工,于是他也成为了其中一员。和采石业一样,竹制品的加工涉及农药和化肥的过度使用,可能会对环境造成威胁,但这一次,政府很早就进行了干预,使其最终没有造成环境问题;同时政府还鼓励当地人进行有机化生产，以保护该村作为生态旅游目的地日益增长的声誉。

2013年，她们家在村庄北部出口的一块52亩的土地上建了一个葡萄园。他们一度面临着土地所有权的问题——不同类型的农田需要专门办理相关类型的许可证才能改变其用途。但后来所有问题都得到了解决。

俞佳慧在附近的孝丰镇政府工作了两年，到了2022年底，他们家决定将葡萄园旁边的一个旧茶叶店翻新为咖啡店。这是一个较为可行的项目，投资约100万元。其中还涉及景观改造——将旧场地改造成一个配备有儿童设施的顾客友好型场所。咖啡店于2023年9月开业。俞佳慧的父亲现在在咖啡馆里帮忙，她的母亲在村里经营一家民宿。他们现在正在考虑扩大经营范围，包括开辟一个专供专业人士会面和企业接待的区域。我去的时候，他们正准备举办一场慈善活动和一场面向大学生的关于"八八战略"及其影响的教育活动。

虽然俞佳慧的业务规模不算大，但她觉得自己的产业也是"八八战略"的重要组成部分。政府提供了优惠贷款相关政策，并帮助她获得专业设计师的支持，正是在这一系列的帮助和扶持下，她的店才得以顺利启动和运营。

大陈岛：
绿岛上的绿洲

浙江的海岸线上分布着数千个大大小小的岛屿，它们的存在为浙江平添了几分自然之秀美，而归根到底，这种美与物质的繁荣一样重要，而且，这些岛屿是"八八战略"第六个目标的重要组成部分，是"发挥浙江的山海资源优势"中的重要一环。我特别想去参观"海边某个美丽的地方"，于是便来到了大陈岛。

大陈岛群位于台州市椒江区东南52公里的东海海上，从台州坐轮渡，根据所乘坐船只的不同，行程需要一个半小时到两个半小时不等。大陈岛由上下大陈岛、一江山岛等29个岛屿和83个岛礁组成，同属台州列岛。面积较大的是上大陈岛，但大陈镇驻地在下大陈岛。渡船在上下大陈岛都会停靠。大陈镇隶属台州市椒江区，它下辖一个社区和三个行政村，由一个选举产生的乡镇委员会管理。

大陈岛有一段颇为引人入胜的近代史，其历史旧事多发生在中国革命战

美丽的大陈岛（葛嘉仪 摄）

争时期，但其当代史同样精彩纷呈。

这些岛屿正式以"大陈"为名，最早可考证于《郑和航海图》的记载。郑和是明朝早期著名海军将领及探险家，生活在 14 世纪和 15 世纪之交，是明成祖朱棣的心腹。他曾探索日本和朝鲜周围的海域，最远航行至东非，他所率领的船队规模之大、船只体量之巨，足以令作为后继者的欧洲航海家相形见绌。

1949 年 10 月 1 日，毛泽东主席在天安门城楼上宣布中华人民共和国成立，但福建和浙江沿海的许多岛屿仍在国民党军队的控制之下。

1955 年 1 月，解放军发起一江山岛战役，凭借陆军、海军和空军的联合作战，经过 10 小时的激烈战斗成功夺回了一江山岛。战斗开始时，解放军空军首先对大陈岛发起牵制性空袭，随后由海陆军对一江山岛发起全方位登陆作战。和诺曼底登陆一样，解放军的大部分伤亡发生在战斗的第一阶段。但他们以不惜一切代价的决心持续向前推进，最终取得了全面胜利。2 月 8 日，蒋介石发表了关于从大陈岛撤退的声明。

一江山岛战役之后，大陈岛的人口锐减。1956 年，在时任共青团中央书记处第一书记胡耀邦的号召下，一群勇敢的人组成垦荒队，来到了大陈岛。他们的目标是修复岛内设施，使其再次适于居住，从而恢复岛内的人烟和生机。在台州共青团的带领下，大陈岛先后迎来了 5 批青年垦荒队员，共计 467 人；其中大部分都是不到 20 岁的青年。他们在充满挑战的条件下过着艰苦的生活。一对夫妇迎接了更大的挑战——他们在下大陈岛以南不远处的三个小岛之一的洋旗岛上定居下来。他们在那里与世隔绝地生活了三四年，靠养猪来养活其他队员。后来，他们的女儿也出生在了这座孤岛上。垦荒任务完成后，有部分队员回到了陆地，一些人继续留在岛上。他们的后代中有些现在也仍在岛上生活。大陈岛的总人口大约是 3800 人，其中有 1200 人是常住人口。岛上的主要经济活动是旅游业和渔业。

鉴于上述历史，大陈岛成了中国革命精神的一个重要象征，在中华人民共和国革命史上也占有相当重要的地位。中央领导人曾多次访问该岛。1985 年，时任中共中央总书记胡耀邦曾登岛看望老垦荒队员。习近平总书记一直牵挂大陈岛，2006 年任浙江省委书记时他专程到大陈岛视察并看望老垦荒队员，2010 年和 2016 年又先后两次给大陈岛老垦荒队员及其后代回信。

我在 11 月一个寒冷的日子动身前往大陈岛，但那天天气很好，晴空万里，海上也风平浪静。台州位于椒（灵）江的入海口。我们乘船前往河口，途中从两座巨大的桥梁下面驶过。其中一座桥承载着 G228 高速公路，桥身全长 1 公里有余；另一座桥承载着 G1523 高速公路，桥身长达 2 公里有余。这两条高速公路都是寻常的道路，算不上交通要道，然而浙江到处都是这样巨大的桥梁，甚至还有一些用"庞然大物"都不足以形容的更大的桥梁。在中国，这种规模的基础设施似乎遍地都是，毫无特别之处，但是在大多数国家，这些都堪称顶级基础设施项目。

这次旅行让我得以从海洋的角度观察浙江的海岸——当你驶离海岸时，身后的山脉仿佛在迅速升高。我们乘坐的渡轮非常繁忙，不过大多数乘客似乎都是岛上的居民或登岛探亲的当地人，我是少数几个游客之一。轮渡除了载客也用于货物运输。当我们停靠在上大陈港和下大陈港时，人们从货舱里运出了各种各样的货物，看起来十分有意思。

我们到达港口时，大陈镇专职党委委员颜超早已等候在那里迎接我们，他是我们岛上行程第一阶段的导游。我们参观的第一个地点是位于凤尾山最高点的垦荒队纪念馆，该山是下大陈岛的最高峰。我们的汽车驶离了海岸，清澈的海水变得渐行渐远，当我们开始沿着狭窄的街道驶上山丘，眼前的景象让我想起了一座希腊岛屿。岛上的房子采用石材建造，大小不一，布局亦各异。屋顶上铺设着瓦片，上面压着一些石头，是用来防风的——这提醒着人们，这个地区对恶劣天气甚至是台风并不陌生。

颜超参与了椒江区的一项重要举措，该举措对大陈岛具有特殊意义。这就是"蓝色循环"项目，这是一个由椒江区首创的雄心勃勃的计划，旨在解决日益严重的海洋污染问题，其中又尤以塑料污染为重点。2021年，联合国环境规划署发布了一份关于海洋垃圾和塑料污染问题的报告，其内容令人读之触目惊心。该报告预测，如果没有一个全面的环境行动计划，到2040年，进入水生生态系统的塑料垃圾数量可能会增加两倍，达到2300—3700万吨。这意味着全球每一米海岸线就会产生50公斤的垃圾。

"蓝色循环"是对这一问题的直接有效的回应。其目标是清理和回收海洋垃圾，中国政府为其提供了强有力的支持。2023年10月30日，联合国环境规划署发布当年联合国"地球卫士奖"。首创于台州椒江、由浙江省申报的"蓝色循环"海洋塑料废弃物治理模式从全球2500个项目中脱颖而出，获得了这一联合国最高环保荣誉。

该项目所使用的垃圾处理方式异常广泛，从最低端的技术（个人从大陈岛海岸线上手动捡拾垃圾）到最高端的科技都有涉及。其中有一种由可回收的海洋塑料制成的手机壳，扫描上面的二维码便可对收集和回收塑料过程中的每一步进行审计跟踪，给我留下了非常深刻的印象。浙江有一条完整的产业链，涵盖从垃圾收集、分拣和再处理到再利用和销售的所有环节。截至"蓝色循环"获得"地球卫士奖"这一殊荣时，已有6300多名沿海群众、渔民和230多家企业参与到"蓝色循环"项目中，共收集和回收近1.1万吨海洋废弃物。

大陈岛风光：甲午岩

与普通塑料垃圾相比，从海滩上收集的塑料垃圾可以以更高的价格出售给回收机构，这让当地人有了更多的热情参与到该项目中，比如有些老人便通过这种方式给自己赚了不少零花钱。

我很快就发现，大陈岛上实施了不止一个环保项目，"蓝色循环"只是其中之一。另一个值得一提的例子是从海船上收集废物。如何处理船上的垃圾废物历来是航运业面临的一个问题。大型船舶在航行过程中会向海洋倾倒大量的污染物，包括污水、舱底水和含有油、燃料和其他污染物的清洁用水。人们采取了各种措施来控制这种污染，大陈岛在这方面走得更远。它建立了一个包括渔船和其他小型船只在内的联网系统，不仅是一个收集和管理垃圾废物的系统，而且是一个智能化的、可以主动做出反应的合作伙伴。例如，该系统可以计算和预测单个船只的风险，并在发现船只逾期未交付垃圾废物

大陈岛上矗立着许多风力发电机 （吴俊华 摄）

时发出警报。船只垃圾经过处理后运回陆地。大陈岛周边有 1000 多艘小型船只参与了这项计划。

我们驶出小镇，从一片低矮的绿色灌木丛中穿行而过。颜超又向我们介绍了当地几个比较突出的项目。上下大陈两座岛的山丘上竖立着一台台风力发电机。2005 年，大陈岛风力发电场项目正式启动。到 2023 年，全岛共装设了 34 台发电机，每年可产生 6000 万千瓦时的电力，不仅可以满足岛内的用电需求，富余的电力还被输送到国家电网。此外，岛上还铺设了世界上第一条 35 千伏低频海底电缆来与大陆交换电力。在大陈岛，无论是居民家庭，还是餐馆和度假酒店，都在积极推动用电器取代燃气灶。

在山上，你还可以看到一些很奇特的装置。它们是用来测量二氧化碳通量，并以此来评估岛上二氧化碳排放和固定情况的设备。这是这座岛屿另一个值得一提的项目。大陈岛有着优越的自然环境禀赋和扎实的低碳基础设施配套，希望通过自身的探索实践，为全国实现碳中和目标提供借鉴。其实现的路径是：以绿电为基础，普及全电低碳的生产生活方式，减少二氧化碳排放；实现人与自然和谐发展，尽可能地保护和恢复自然环境，提高环境固碳能力。一项综合评估表明，大陈岛潮汐强、海浪高，波浪能密度全省最高，这也为大陈岛进一步开发绿色能源提供了空间。

在大陈岛最高峰凤尾山的山顶，赫然耸立着一座"大陈岛垦荒纪念碑"，是为纪念1956年垦荒工程而建的。这座碑规模宏大，几乎占据了整个山顶。这也是垦荒志愿队为响应胡耀邦"艰苦创业、奋发图强"的号召而立下誓言的地方，这句话被镌刻在了纪念碑的背面。碑的名字是由打赢一江山岛战役的中国人民解放军前线总指挥张爱萍将军题写的，这位张将军后来成为中华人民共和国国防部长。这座纪念碑是在一名垦荒队成员的建议下于1996年至1999年建造的。

纪念碑碑体高16.5米，在它的周围是一个面积很大的纪念广场，从空中俯瞰，广场周围的游览场地呈五角星勋章的形状。附近还有一个记录垦荒志愿队工作的照片展览。在纪念碑附近的山上，仍然可以看到昔日一些防御掩体。下大陈岛目前仍有数十处军事遗迹，包括碉堡、战壕、水牢、象头岙水上碉堡群，以及保留完好的原国民党军事指挥部。

从山顶向南眺望，可以看到南面海湾里养殖大黄鱼的鱼笼和养殖牡蛎的绳索。海洋经济是大陈岛的支柱，其岛礁四周栖息着众多的贝类和海鱼，包括石斑鱼、黑鲷、海鲷、鲈鱼，尤为突出的是大黄鱼，当地的大黄鱼是按照地理来源进行分类的。岛上的渔捞、渔业资源、海洋环境和生态均受到严格管制。除了天然渔业资源，当地人还采用先进的深水网箱技术进行增殖放流，以增加鱼类的数量。

大陈岛在渔业方面的目标是通过组建行业协会、制定相关标准，以及建立品牌来使行业走向专业化。海域由国家管理，企业则由村民以个人或集体的形式管理。岛上投资3000万元建造了10.5万立方米的人工鱼礁，覆盖面积

垦荒纪念碑 （孙金标 摄）

超过 5 平方公里。岛上的渔业每年捕捞量为 4 万吨，为 200 多名岛民提供了直接就业机会，从业人员平均收入达到了 12.5 万元。另外，岛上有 14 家大黄鱼养殖企业，为 130 名居民提供了就业机会。

在大陈岛上，副镇长叶雯婷设宴招待了我们。她是一位很有魅力的"90 后"女性，也是中国未来新一代年轻领导人的典范。叶女士带着我们来到一张餐桌前，上面摆满了当地最优质的海产品——大贻贝、海螺、对虾、挪威海螯虾、鲷鱼、鳊鱼，当然还有大黄鱼。

午餐时，我们谈到了基层政府的政治结构以及叶女士的职责。作为镇领导班子成员之一，叶女士的分管领域涉及历史和文化方面，这也是"八八战略"

的重要组成部分。副镇长由镇人大代表选举产生，中国的人大代表选举过程与大多数西方制度有着共同特征——普选制、无记名投票、多名候选人竞逐多个席位、不需要党派关系。

　　叶女士的具体目标是建设或进一步改善当地的景区景点，以增加游客数量，她的第一个 17 万人的目标已经实现。大陈岛当前的重点项目之一是打造帆船等海上运动的训练营。这些营地不仅面向当地人和游客，也向专业人士提供服务，中国各地体校着眼于未来的国际比赛而选拔和储备的高水平运动员就参加了这些课程。叶女士也希望能为共同富裕事业做出贡献。与叶女士这样敬业、能干、尽责的地方官员交谈，总是让我感到振奋；在我游历中国的过程中，我肯定已经遇到过上百个这样的官员，他们与西方为抨击中国而作的讽刺漫画毫无相似之处。那种讽刺漫画诞生于距离、无知和偏见，与真相毫不相干。

　　午饭后，我们在港口周围漫步。眼前所见，似乎遍地都是晾晒鱼虾的架子；潮水已经退了，渔船搁浅在海滩上。我们动身去见两位当地的企业主。

　　我们在一家新开的民宿里见到了 38 岁的孔庆磊和他的妻子。他的妻子是四川人，两人通过互联网相识，这也是时代变迁的一种有趣的表现。现在，她经常在网络上宣传他们的店，也因此成为了当地的一个网络名人。

　　孔先生的祖父来自温州。他参加过抗日战争，在大陈岛重新面向移民开放后不久便来到这里定居。孔先生和他的父母都出生在岛上，所以他是第三代新岛民，他的父亲是一名渔民。

　　孔先生小时候的愿望是"快点长大"。15 岁时，他实现了自己的愿望，并成为了一名渔民。他的父亲拥有一艘大型渔船，船上有 12 名船员，他们要出海捕鱼，出海的时间短则几天，长则一个月，有时他们甚至会冒险远航至韩国作业。他从不认为这份工作有多危险，但承认它确实很辛苦。有时候，他们的一次渔获就可以赚到 10 万元，有时候他们什么也捕不到，最后空手而归。最初的船只是木质船体，孔先生还记得 1996 年岛上开始出现金属船体的渔船。

黄鱼丰收

在孔先生 20 多岁时，岛上的旅游业开始蓬勃发展，这对夫妇决定投身民宿市场。靠着 700 万元的投资以及政府相关优惠政策，他们在 2022 年开了一家新的民宿——澜庭民宿。这是一间档次很高的民宿酒店——干净、明亮、现代、设计精良，有着温馨轻奢的住宿环境，房间里还可欣赏到迷人的海港景色，来这里的游客遍布全国。孔先生和他的妻子预见到了大陈岛的光明前景，相信它的未来会更好。

我拜访的另一位企业主是缪友春，他是一位 50 多岁的本地企业家，经营着超市和餐馆。1957 年，垦荒工程结束后不久，他的祖父母便拖家带口地从台州椒江来到了岛上。当时的生活非常艰难，他们不得不寻找新的出路。缪先生的父亲是一名编制竹制品的工匠，后来开始从事建筑行业；他的妻子则是跟随做小生意的父母从舟山来到岛上的。

缪先生还记得早年生活的艰辛。衣服总是破旧不堪，也没有内衣可穿；很多人甚至住的地方都没有，一部分垦荒队成员和早期移民因为岛上的生活太过艰难，宁愿返回家乡；吃的方面也是仅能果腹而已；学校的房舍几乎成了危房，急需翻修……缪先生的父母共生了五个孩子，三个儿子和两个女儿，缪先生是家中的老四。

缪先生 14 岁考上初中，但只读了一年便辍学了。他先是去了一个建筑工地，当起了搬运工，然后在 19 岁时进入一家建筑公司。2002 年，出现了一个机会。岛上有一家超市，前身属于国有单位，但是由当地的一个代理人负责经营。此人退休时无人接班，于是他找到缪先生，让他来接手。缪先生本着搏一把的想法，拿出 13 万元接手了这家超市。事实证明，他很懂得经营之道。他认为自己之所以能够成功，是因为他的超市是大陈岛上商品种类最丰富、最齐全的超市，并且他也为岛上的渔业提供所需的专业服务。他的店十几年如一日地为岛上居民提供优质的服务和新鲜的食物，他为此感到非常骄傲。

2020 年，他决定进军餐饮领域，在海滨开了一家餐厅和一家烧烤店。他的侄子经营着烧烤店，他的女儿并没有和他一样做生意，而是选择从事医疗方面的工作。和孔先生一样，缪先生对自己的人生感到满意。他期待着在这个越来越繁荣的岛上创造出一个更美好的未来。

这两个男人和他们的妻子显然都是有经商天赋的企业家，虽然他们受教育程度不高，但这并没有影响他们生意上的成功。另一方面，也正是因为地方和省级政府实施了行之有效的政策，为大陈岛打造出一个有利的经商环境，孔家和缪家这样的家庭才得以兴旺发达。

结束了对大陈岛的访问后，我乘坐晚班轮渡返回了台州。我在岛上度过了有趣、充实、愉快的一天。在回顾这篇文章时，我发现自己几乎没有提到这个地方的风景，因为自然风光之美正是大陈岛最突出的特点之一，也是我此行的目的。但这也说明除了自然风光之外，这座岛还有着更为深刻的内涵。我此行也的确再一次看到"八八战略"的许多关键要素在大陈岛的经济社会发展中所发挥的作用，特别是在与第五和第六个目标有关的方面。虽然这座岛面积不算大，但它正在为浙江的生态环境发展和创建生态友好型"绿色浙江"做出巨大的贡献。这座岛屿也堪称一个典范，让人们看到它是如何发挥浙江的山海资源优势，从而大力发展海洋经济，努力使海洋经济和欠发达地区的发展成为浙江经济新的增长点的。

大陈岛也是一个自给自足的小型社区的典范，它充分利用自身资源实现了经济繁荣，为所有居民提供了体面的生活。岛上的两大收入来源渔业和旅游业正蓬勃发展。2022年，海洋经济为该岛创造了11.2亿元的产值；旅游业方面，17万游客登岛旅游观光，创造了1.36亿元的收入。这些数字较上一年分别增长了13.3%和24.8%，这为全镇财政贡献了3290万元的收入。岛上居民2022年人均可支配收入达到64136元。

除了面向普通成年人的一般性公共服务，大陈镇还特别注重为老弱病残等弱势群体提供服务。该镇近年来正致力于建设能够满足岛上老年人和退休人员需求的设施，并最大限度地提高该镇小学和中学的质量。

在该镇年度报告的成绩清单中，有些项目看上去似乎"平淡无奇"：重建大陈镇卫生院、建设中国首条陆岛应急救护无人机航线、完成环岛公路修复。安装147盏太阳能路灯，实现上大陈码头至大岙里游客中心全线亮化，建设三星级便民服务中心，向低保低边、困难移民和残疾人等弱势群体发放定时补贴147.5万元，建设社会工作站和居家养老服务中心，帮助青年人争取个人授信贷款200万元，以及一个将闲置房产改造成民宿、提供70多个就业机会的项目……

　　但是大陈岛是一个只有几千人的小型社区。正是这种由本地设计、本地推动、本地实施的举措给普通人的生活带来了变化。这正是地方政府应该做的。我不禁环顾了一下欣欣向荣的大陈岛，并将其与我的家乡、苏格兰南部一些小镇和村庄进行了对比，近年来，那里的发展已陷入停滞，各种设施也日渐老化。盼望有一天，我的家乡也能像大陈岛一样蓬勃发展。

莫干山：
期望有多高，眼见就有多好

莫干山镇位于莫干山脚下，由两个社区和十多个村庄组成；该镇行政区域面积 191 平方千米，总人口 31322 人。莫干山周边的区域都归该镇管辖，由于莫干山自身的重要性，则由省级主管部门直接管理。

莫干山镇完美地展示了中国，特别是浙江，在过去 20 多年里在发展农业和乡村振兴方面所取得的成就。与地理位置更偏远的农村社区相比，莫干山具有一定的优势：一方面，它距离经济发达的省城杭州较近；另一方面，该地作为旅游胜地有着悠久的历史——早在 19 世纪末 20 世纪初，这里就已成为许多在华外国人的首选休闲目的地。近年来，莫干山再一次充分利用这方面的优势，将自身建设成为一种典范。通过这个小镇，你可以看到中国的经济发展取得了怎样的成就，以及其他社区只要继续走现代化和乡村振兴的道路，将可能取得怎样的成就。

我刚到莫干山镇上时，眼中所见让我感到十分惊讶。街道非常干净，其

莫干山荫山街

他公共区域也打扫得一尘不染，没有任何一个角落可以看到破败或衰落的痕迹；屋舍俨然，翻修一新；住房多是小型公寓楼或宽敞的别墅。

  2019—2022年间，我曾多次前往甘肃省，并在那里待了相当长的一段时间，访问了许多此前曾实施大规模房屋改建计划的村庄。那些翻修后的房子干净、明亮、现代，并配备了标准的公用设施。但它们在设计上偏实用主义，这与莫干山镇非常不同。

  这绝不是要诋毁甘肃的成就（它毫无疑问是值得称赞的）——在经济发展方面，浙江比甘肃有着显著的先发优势，本书的部分目的是讲述一个与我在甘肃所看到的不同的发展经验。浙江应该成为一个范例，它让中国其他地区看到，在未来5—10年的时间里，可以期待怎样的发展结果、实现怎样的目标。

  虽然已经是10月，但莫干山的树木仍然郁郁葱葱。当我在莫干山镇的街道上走过，街头的景色让我想起夏天的阿尔卑斯村庄。我几乎就像是身处奥地利、法国甚至是瑞士的某个地方。对于那些始终被灌输关于中国的刻板印象，习惯于想象北京和上海以外的中国只不过是一片巨大的稻田、到处都是贫困农民的读者来说，这似乎不太可信，但我可以向你保证，这是真的。如果你不相信我，可以自己去看看。

我去了莫干山的荒室咖啡馆和一个度假胜地。以中国的标准来看，这两个场所的消费都不便宜，但它们都提供了非常高质量的体验，而且它们的生意都很好，顾客络绎不绝。我对莫干山一家高档度假村的外籍总经理明泽（Marco Militzer）进行了深入采访。很明显，有很多中国人既有能力也愿意为度假村提供的高品质服务付费。

21世纪初以来，新型现代化成为浙江省发展战略的重要组成部分。政府鼓励人们对旧建筑进行改建和保护。这是"千村示范、万村整治"工程的一部分，也是推动城乡一体化政策的一部分。其理念是，鼓励那些生活在压力更大、竞争更激烈的环境（因此吸引力也变弱）中的城市居民离开喧嚣，去享受乡村的宁静。

另一方面，一些像莫干山这样的地方正在设法吸引拥有新技术和管理技能的年轻人。这些人成长于新时代，对生活及其环境有着不同的、更高的期望。他们的想法、创意和主动性有助于推动整个区域的发展。一个有趣的点是，在过去，几乎所有的企业家都来自工人阶级，他们在奋斗过程中面临着种种困难，包括有限的教育程度和不太繁荣的经济环境；而新一代创业者不仅自身受教育程度更高，其他方面的起点也普遍较高。此外，当下的经济环境也更加有利。观察他们将如何取得成功将会是一件趣事。

沈彬就是一个很好的例子。他出生于1993年，父母是莫干山一家工厂的职员。他毕业于浙江农林大学，修的是景观设计专业。2014年毕业后，他去了广州，从事平面设计工作。

有两个因素促使他回到莫干山。首先，政府提供了一系列优惠政策，并采取了一系列举措来宣传莫干山的旅游资源，这为企业创造了一个有吸引力

荒室咖啡馆外貌（肖艳艳 摄）

的商业环境。第二个则是更为传统的原因——沈先生认为按照习俗，是时候回家结婚了。

2020 年，沈先生从当地农民手中租下两栋建筑。起初，他创办了一个植物馆，专门展出和销售苔藓，但很快他决定开一家咖啡馆。这个决定是在 2021 年做出的，当年 7 月，咖啡馆顺利开业。这家名叫"荒室"的咖啡馆的理念是"一个有灵魂的地方"，在这里，顾客会感觉到商家是在一种人性化的层面上和他们互动。荒室咖啡馆的一切都有着非同寻常的品质——服务、室内陈设、环境（环境中的绿色植物仍然会让顾客感受和体验到植物馆最初的理念）、美味多样的新鲜当地农产品、手工制作的小吃以及精致的茶。这

和沈彬在荒室咖啡中一起"围炉煮茶"（肖艳艳 摄）

家位于中国农村的咖啡馆放在世界上任何一个大城市的中心都不会显得格格不入，它能够满足最挑剔的顾客的期望。在我们参观的过程中，咖啡馆没有一个空位，对此我并不感到惊讶。

这家店开张后立即获得了成功，并迅速开始扩张。目前已经有了两家连锁店，一家在镇江，一家在南通。沈先生的想法是建立一个风格一致但不同质化的品牌，店铺设计将基于当地文化，致力于推广当地文化并使用当地的农产品，让客人享受当地风味。目前公司已经有85名员工，他正在找机会来进一步扩大经营规模。

郡安里：
世外桃源

莫干山郡安里文旅度假综合体位于莫干山镇外，紧邻莫干山风景区。这是一个大型综合园区，建于深山茂林之中，总占地面积约 1355 英亩，提供顶级的膳宿和其他度假服务。该综合体在一些非正式的场合也被称为 J. Lalli 度假村，因为它主要是由全球知名环境规划设计机构 EDSA 首席设计师 Joe Lalli 先生设计的。度假村在获取土地使用权的过程中曾遇到不少困难，因为其中涉及多方所有者，为此，当地主管部门专门推出了一项行政创新举措，以推动这一优质项目的高效落地。

郡安里度假村于 2015 年开始运营，园区面积广阔，各栋建筑依山顺势、动静分离，错落有致地分布在整个园区内。度假村拥有一个办公综合体、一个餐厅综合体和一个国际会议中心，这是一个多功能的宴会和会议中心。酒店共有 200 多间客房，分布在距离度假村中心 2—3 公里的山上，并分为三个不同的区域，可乘坐通勤巴士沿蜿蜒的山路抵达。这里有一栋传统的酒店式

郡安里度假村

建筑，一栋独立别墅，还有一栋介于两者之间的混合式建筑。我可以以个人的名义为度假村的设计、设施和膳宿的品质做担保——货真价实的五星级标准。整个度假村约有250名员工。

  郡安里文旅公司董事长郎阳升先生亲切地接待了我，并向我介绍了度假村的情况。他是莫干山本地人，50多岁，于2019年度假村开业后不久加入管理团队。度假村的核心理念是有益于健康的户外生活方式和精神。其经营的主打概念为"整体存在"。度假村运营着一系列的户外运动，包括极限竞赛公园、山地卡丁车和山地越野赛，此外还开辟了专门面向少年儿童的营地和活动。它是中国为数不多的提供正规马术训练和比赛的场所之一。该项目由郡安里度假村与相关专业机构合作开展，并得到了法国和英国相关团队的技术支持。其茂密的林地之中点缀着多个专为练习瑜伽、冥想和太极而设计的

秀美处所。此外，度假村在山地赛和越野赛的开发及品牌打造上投入了大量精力，还与凯乐石（Kailas）等知名品牌合作，以期将赛事知名度提高到一个新的水平。度假村每年都会组织多项重大赛事，参赛选手可达数千名之多。我本人也参加了其中一项越野跑比赛，并作了详细记录，你一会儿便可读到。

郡安里让人们远离喧嚣（肖艳艳 摄）

　　度假村的发展也需要一些创造性思维。其中一个创意是举办一场由一位拥有一定影响力的"网红"来主持的集体婚礼，并进行直播。在我参加山地越野跑比赛的那个周末，度假村举办了一场为期两天的音乐节，两场活动紧密衔接，让人颇有目不暇接之感。

　　郡安里度假村将自身视为体现"八八战略"成果的典型企业。度假村租用农民土地、向当地人提供就业机会并支持当地产品的销售，以此推动了乡村振兴和山区经济的发展。这与城乡一体化的战略正好契合。度假村的各种比赛吸引了大批游客前来，促进了当地旅游业的发展。其创造性的经营方式有助于开拓农村居民的视野，让他们拥有更加积极向上的心态。密集的赛事活动吸引了成千上万的参赛者，这样一来，当地的美景为更多人所知，当地企业也有了更多的曝光机会。由于许多参赛者都是城市居民，因此城市的繁荣正在事实上助力乡村地区的发展，而乡村则缓解了城市生活方式所带来的压力。我就曾亲眼目睹这样一幕——在我参加越野赛跑的过程中，当地人成群结队地出现在街道两旁为参赛选手加油呐喊。

支撑这一切的是"绿色浙江"战略的核心理念——绿水青山就是金山银山。环境保护和提升当地文化是郡安里度假村项目的目标，度假村在制定和实施项目计划时，无一不是基于对当地文化的深入分析。正如郎先生对我说的那样："浙江遍地是山，到处有水。我们要做的就是提高它们的价值……"

从"洋家乐"到"裸心"度假村的成功故事

明泽（Marco Militzer）于 1994 年毕业于德国柏林酒店学院（Berlin School of Hotel Studies），获得酒店管理学位。此后，他在美国、德国、土耳其、巴林、日本和中国从事了近 30 年的酒店管理工作。1998 年，他入职丽思卡尔顿酒店，开始了一段漫长的职业生涯。2014 年他加入裸心集团，担任裸心谷度假村总经理，并于 2016 年负责莫干山裸心堡度假村的开业事宜。作为区域总经理，他目前负责江苏和浙江所有裸心度假村的开业和运营。在裸心集团担任总经理是他迄今为止职业生涯中任职时间最长的一次。

明泽告诉我，他的人生目标就是"去自己喜欢的地方"。对于一个从事酒店管理工作的人来说，这似乎是个很合适的目标。他强调说，在他看来，在中国的生活非常符合他的志向。

他并不是初来乍到。实际上，这是他第二次在中国工作。他第一次来中国是在 1994 年，当时他刚结束纽约的工作。那时他还是个单身的年轻人，渴望"看看亚洲"。

他对那次的经历"印象极为深刻"——那时的北京和现在迥然不同：很多人仍然穿着中山装；大多数街道都还是胡同；交通工具主要还是自行车，街上汽车很少。当时只有两条地铁路线：沿着城市主干道长安街东西向运行的 1 号线和沿着明代古城墙路线运行的环线 2 号线。

作为一个外国人，明泽经常被路人盯着看——这种经历现在不太可能重演了，但在较小和较偏远的城市仍然很普遍。2006 年第一次去吉林，我经常沿着松花江跑步，如果一路上没有几个人大声向我打招呼或挥手致意，我都会感到惊讶，甚至有些失望。

总之，明泽非常享受那次经历，他认为那是一次"美妙的奇遇"。1997 年他回到德国，但中国已融入了他的血液。

2006 年，因丽思卡尔顿的工作机会，他再次来到北京。他记得抵达北京那天是周日，不需要上班，因此，他去看了看以前常去的地方。在他离开的十年里，北京发生了难以置信的变化，这使他大为震撼。

丽思卡尔顿酒店位于地铁 2 号线西侧南北走向的金融街上。工作很忙，但他很快便适应了新环境，找到一种回家的感觉。许多老朋友仍然记得他，并来找他。

2009 年，三亚丽思卡尔顿酒店开业，位于亚龙湾国家旅游度假区。海南岛位于中国最南端，属于热带气候，岛上遍布丛林植被。海南如今是中国最发达的度假胜地，但当时整体上仍然较为简朴，丽思卡尔顿和万豪是仅有的两家大型连锁酒店，除此之外便是为数不多的几家本地酒店，仅有一条从三亚通向亚龙湾的道路。

从 2009 年到 2013 年，海南省实施了大规模的基础设施建设，变化可以用日新月异来形容。如今全岛已经有 40 个度假村。对明泽来说，三亚见证了他第一次在度假酒店工作的经历，他意识到自己喜欢这种工作体验。他是在海南与妻子相识并结婚的。

现在，为了继续讲述这个故事，我们需要回到过去，谈谈一位有远见的企业家高天成（Grant Horsfield）。高天成在南非的一个农场长大，12岁时失去了父亲，生活条件比较艰苦，但他后来成为一名成功的信息技术企业家。2007年，他来到中国寻找商机，并在上海定居下来（巧合的是，他和明泽还有我几乎是同一时间来到中国）。在那里，他遇到了他的妻子叶凯欣（Delphine）——一位来自香港的建筑师。

高天成和妻子骑自行车去莫干山旅行，并在一个村庄过夜。村里有些房子无人居住——这是农村家庭为了寻找新机会而举家前往城市的一种普遍现象。高天成想到可以将这些空闲的房子从房主那里租下来，进行翻新，然后出租给客人。他计划的经营方式是提供住宿加早餐（B&B），由阿姨负责打扫卫生和做饭。这种"农家乐"在当时还是一个全新的概念，时至今日已遍及整个中国，是最受欢迎的短期度假住宿形式之一。由于经营人是"老外"，当时的大多数客人都是外国人，所以高天成的农家乐也被称为"洋家乐"。

后来，高天成在附近山谷里发现了一些闲置的土地，便想做点更大的事情。他计划以"管理和出租"的方式建造和出售别墅。业主购买别墅，高天成的公司管理别墅，并代表业主将别墅对外出租，然后向业主支付租金并收取管理费用。

此时，高天成已与当地政府建立了良好的关系，他们对这个想法表示出极大热情。于是，2008年裸心谷（naked Stables）诞生了。"裸心"这个名字是精心挑选的，旨在吸引人们的注意和激发人们的兴趣。这是一个容易被记住的名字——蕴含的经营理念是，帮助人们逃离忙碌的城市生活，远离喧嚣，放空自己，"裸露"在大自然中。

主要的挑战是如何获得土地使用权。这是一个较为漫长的过程，需要与多方业主进行细致的沟通。例如，后来当他们想铺设一条通往裸心堡的40米长的道路时，就需要与三位业主进行商谈。谈到价格时，每一户业主都了解其他户业主的情况，自然也都试图为自身多争取利益，这无可厚非。在此过程中，莫干山镇政府和德清县[1]政府都提供了大力帮助。

尊重自然是裸心谷全部理念的核心。明泽将这一点形容为"公司的基因"。

---

[1] 德清县隶属于地级市湖州市，下辖莫干山镇。

裸心度假村

度假村建在森林里,叶凯欣负责设计工作。根据裸心谷的理念,环境比建筑更重要,因此他们尽最大努力保护森林。这类开发项目通常采取大规模清除树木和重新造景的做法,而他们则坚持只在绝对必要时才移除树木。这样的理念在当时可谓独一无二,使得裸心谷2011年一开业便大获成功。

2013年,高天成到三亚考察度假村。在那里,明泽和高天成的人生轨迹开始交织在一起。明泽通过他当时的老板安德鲁·斯蒂尔(Andrew Steele)认识了高天成。安德鲁是酒店管理界的知名人士,他认为高天成的商业理念可能会为明泽提供一个真正的职业机会。

在视频面试后,明泽去了莫干山,并喜欢上了那里。度假村刚刚开业仅一年多,在生意上面临重大挑战。明泽接受了工作邀请,出任度假村总经理兼运营负责人,成为裸心度假村故事的一部分。

最初的"洋家乐"于2012年关闭,裸心集团开始全力运营裸心谷。高天

裸心堡

成仍然拥有这片土地的使用权。一天，他外出徒步旅行，在山顶发现一处建筑遗迹。除地基和一组石阶外，其他部分几乎荡然无存，但高天成对此很感兴趣。他决定深入探寻，揭开建筑遗迹背后的故事。通过调查，高天成了解到梅滕更博士的故事，他是19世纪末20世纪初在华的一位苏格兰传教士。

梅滕更博士（David Duncan Main, 1856—1934年）是一位苏格兰医生，于19世纪末20世纪初在杭州从事医疗传教工作。当时中国有许多这样的人，但梅滕更是杭州最有名的传教士之一。从1881年到1927年，他一直担任英国圣公会差会医疗部门负责人、杭州广济医校校长。梅滕更和妻子梅福孙（Florence Nightingale Smith）在华期间建造了30多座医疗建筑，以及一个工业培训中心。

他最值得关注的贡献包括创办了广济医院和广济医校。广济医校是浙江首批医学培训学校之一，1926年在中华医学会临时注册。1926年他退休时，广济医院每年治疗3000名住院患者和6万名门诊患者。该医院如今已更名为浙江大学医学院附属第二医院，1998年被评为中国百佳医院之一。

梅滕更在20世纪初来到莫干山。他在莫干山山顶建造了一座苏格兰古堡风格的避暑别墅。大约就在这个时候，莫干山成为上海许多外籍人士的度假胜地，俨然已有今日之盛况。

了解到梅滕更博士的故事后，高天成决定重建城堡，并将其命名为裸心堡。这是一个比裸心谷更加雄心勃勃的项目，需要以更大的说服力来取得当地政府的支持，但高天成最终成功了。土地使用权的商谈同样缓慢而复杂，莫干山和德清的地方政府也再一次提供了大力帮助。

起初，这个地区都是非常简朴的乡村村落，只有一些不起眼的餐馆，主要面向当地村民，村里的道路仍然是沙土路。但是裸心谷的成功也让附近的村庄发生了变化。村民们开始开设餐馆招待外来的游客，将自家房屋改造成民宿。2016年至2017年，随着投资者纷纷涌入，建造起规模更宏大、设计更精良的设施，度假村的业务更加风生水起。自裸心谷开业十年来，当地发生了很大变化。村庄变美了，设施也升级了——这是我初到达莫干山时印象最深的方面之一。山里开辟了专用于徒步和跑步的路线。这里形成了一个双赢的局面。慕名裸心谷和裸心堡的游客，会再次来莫干山体验当地的其他休闲娱乐设施；同样，莫干山当地的休闲娱乐设施不断发展，也会吸引更多游客去发现和光顾裸心谷与裸心堡。如此，裸心谷和裸心堡便越来越受欢迎。

在此期间，来自中国其他地区的游客数量稳步增长。其中很多是团体游客，特别是各地方政府的团队，来考察裸心谷、裸心堡，了解莫干山的经营和发展理念。有时，每天都有很多游客团队来裸心谷和裸心堡参观。

裸心集团的核心原则是，在乡村或其他特色区域的建造和经营过程中，致力于提升而不是损害当地的环境和文化氛围。经济发展创造就业机会，企业雇佣当地人，那些离开家乡去别处寻找机会的人很可能会因为家乡的发展而返乡。

对于中国来说，发展是第一要务，但不能以破环生态和环境污染为代价，企业不能随心所欲地"想建什么就建什么，想在哪里建就在哪里建"。而裸心度假村的发展历程正是一个顺应生态、可持续发展的成功故事。

如今的裸心集团已经从浙江莫干山走出去，走向整个中国。苏州太湖湖畔有裸心泊，南京无想山有裸心岭。江苏的两个新度假村各有特色，设计和建造时都从当地文化汲取灵感，并融入当地元素。令人感到鼓舞的是，这一过程往往是由当地政府人员推动，他们十分了解并热衷于推广当地文化。

最初的"洋家乐"又被称为"裸心乡"。在有些地方，人们正在回归"裸心乡"的理念，硬件设施趋向简约，但服务质量更高。

大众的消费习惯也在改变。健康问题广受关注，中国人的休闲方式随之发生变化。之前，人们偏重于传统的休闲方式——住在酒店里，吃吃喝喝，打打扑克和麻将。现在，他们更多时间待在户外，从前不太热门的徒步和跑步路线正变得越来越受欢迎。

年轻一代也在不断发展变化——在明泽看来，他们"依赖数字产品，但十分活跃"。越来越多的中国人认为，生活不仅仅是物质享受。他们开始认识到其他价值观念的重要性，而且想要把这些价值观念传递给自己的孩子。他们是莫干山度假产品的一个主要市场。

"银发族"是另一个值得关注的新兴市场，需求不断增长。在过去，祖父母会和家人一起来度假旅行，但他们更多是为了帮忙照看孩子。现在，他们和同龄人结伴来到这里，穿着休闲服装和运动鞋，全身心地投入到各种体育和户外活动中。

跑山的"老人"

在郡安里度假区参观时，我发现他们定期组织山地越野跑比赛，而且往往会吸引成百上千人报名参赛。得知有一场比赛将于 11 月初举行，正好符合我再次来这里深入探索的打算，于是我就表示了对比赛的兴趣，结果度假村管理团队十分慷慨地给了我一个参赛名额。我可以选择艰难的 10 公里赛、充满挑战的 30 公里赛、难以想象的 60 公里赛，或是令人生畏的 100 公里赛。猜猜我选了哪一项……（提示：肯定不是后面三项。）

比赛定于一个周六举行。周五晚上，我准时出现在德清火车站，来接我的是郡安里的工作人员王冯佳。她是一位迷人的年轻女士，她的第一外语不是英语，而是意大利语，不过两种语言都说得很流利。碰巧我大学毕业之后在意大利待过一年，所以我俩算是有一些共同之处。

在郡安里度假村，王冯佳帮我填写了登记信息。比赛的组织水平让我惊讶不已。这项赛事显然规模不小。现场数十个服务台后，有数百名志愿者忙着为参赛者登记信息并分发比赛号码、T 恤及基本安全装备等比赛用品。另有数百名志愿者在人群中穿梭，忙着其他重要而复杂的事务。

起跑线旁边有一个巨大的舞台，是为比赛结束后的音乐节准备的，表演者正在为第二天的演出热身。

当我吃完晚饭准备前往住处时，天色已晚。我住在距离度假村主体建筑大约三公里的山景别墅区，需要沿着一条陡峭蜿蜒的山路上去。班车定期出发，将客人送到各自的房间。山腰上分布着一幢幢屋舍，而不是常见的独栋高楼，这种设计更加环保、开放。我庆幸能搭乘自动扶梯，还有一个身材魁梧的司机帮我把行李运送到我那间位于最高处的客房。

我的房间有着现代化和开放式的美学设计，令人颇为愉悦。走到阳台上，夜空晴朗，群星闪烁，我可以看到周围山峰的轮廓；夜晚的空气寒意袭人。100公里组的赛道是一条穿越群山的环线，蔚为壮观。再过几小时，在大约凌晨4点，破晓之前，100公里组的选手就要开始比赛了。想象着他们在寒冷漆黑的夜色中，借着手电筒的光沿着陡峭的山路小心前行，努力让自己不迷路，我庆幸自己仍然可以在温暖的床上多躺会儿。

60公里组在早上7点左右开赛，30公里组在上午11点左右开赛，10公里组则再晚半小时开赛。主办方之所以安排不同组别错开时间比赛，目的是让那些在长距离比赛中领先的选手最后可以和10公里组的大部队一起完成比赛。这让我觉得很不可思议——有些人在凌晨4点出发，仅比我早跑7个多小时，大致在我跑完10公里时就可以完成100公里的距离。

参加过大型赛跑的人都知道，如果你起跑时处于靠后的位置，那么在最初的几公里你可能根本跑不起来。这一方面自然是由于人多拥堵，另一方面是由于很多人其实无意拼争桂冠。他们只是来享受锻炼的乐趣，呼吸户外新鲜的空气，欣赏沿途美丽的风景。总而言之，要想超越，就必须小心翼翼地选择路线前进，这毫无疑问是个缓慢的过程。最开始的两公里是一段穿过莫干山村的平坦道路，我成功超越了一些人。那些没参赛的当地人纷纷来为我们加油，其中还包括一个民间舞蹈团。我绝不是唯一一个参赛的外国人，但每当有人看到我时，总会特别热情地给我加油。

跑山赛，我准备开始了！　　　　　　　　　胜利完成跑山赛！

　　到达真正的上坡路时，我已经超越了不少人，但前面依旧有一大群人，由此我判断自己仍处在偏后的位置。在爬坡的过程中，有的路段相对平缓，有的则相对陡峭，有一段全是石阶，最后一公里左右还有一段陡峭的木制阶梯。有时路比较宽，可以几个人并肩而行；有时路又很狭窄，只能排成纵队鱼贯而行。这让我想起自己为这次比赛进行训练的地方——北京西山八大处公园。然而，那次训练是大约三年前的事了。

　　此时的南方，树木依然葱郁，森林也很美丽。不过在比赛日，气氛难免有点让人紧张，那景象和平时照片中看到登山者排长队等待登顶珠峰的场面有些许相似。不巧一位年轻女子摔倒并扭伤了脚踝，登山的队伍停顿下来。由于位置条件所限，大家颇费了一番力气才帮她回到山坡下。

　　到坡顶之前有一段木梯沿山涧而上。此处的景色格外美丽，有许多风景如画的瀑布。正好人群移动缓慢，我便停下来拍了几张照片。

10公里赛的半程点正好在山坡顶端。过了半程点，比赛变得激烈起来。下山的路是一条公路，从这里开始人们就又跑起来了。几百米后，赛道一分为二。30公里组的选手继续在公路上跑，而10公里组的参赛者则被引导到左边的一条小道上。看到身边绝大多数人都沿着公路前行时，我才意识到自己并不在10公里组的人群中，而是一直跑在30公里组的后方队伍中。

接下来的3公里，我发现自己拥有一种从未意识到的非凡天赋。遗憾的是，我想了又想，最终也没发现这种天赋在人类文明的其他领域能有什么用处。

我可以在陡峭崎岖的山路上跑得很快——不是一般的快。

我像高山羚羊一样敏捷地在突出的岩石间跳来跳去，健步如飞，一步跃下三四级石阶。我毫不费力地超过了其他选手；在下山过程中，真的没有人能从后面超过我。我超过了一群又一群的选手，前面的人群变得越来越小，很快就只有拉开距离独自奔跑的选手了，然后我又逐一超过他们。无论是相貌还是穿着，这些人看着都像真正的运动员……

到达山脚下时，前面看不到任何人，我以为自己接近整个队伍的最前列了。从一定意义上说，我完全猜错了——当我还在赛道半程时，10公里赛的获胜者就已经冲过了终点线。但从另一种意义上说，我并没全猜错。

不过，从山脚到终点还有2公里的路程。而由于下山时用力过猛，我已经双腿发软。我尽力挣扎着向前跑，但不见什么效果。现在来到平地上，那些在下坡时被我轻松超越的运动员模样的选手开始接连超过我。先是一个、两个，然后是三个、四个，而后是五个、六个、七个、八个。我却无能为力。这时候就算拼尽全力也提不起速度，因为我的"发动机"已经冒烟了。一些选手看我跑得辛苦，在飞驰而过时非常体贴地说了一些鼓励的话。当我步履蹒跚地完成最后200米时，我回头看了一眼，万分庆幸后面没人——这意味着我不用加速冲刺了。

到达终点线后，我和其他人一样，得到一枚精致的奖牌，以示鼓励。此时在舞台附近已完成比赛的运动员寥寥无几，这让我感到惊讶。最终结果出来后，我才知道原因。我取得了第 26 名的好成绩——比我预期的高出了大约 100 个名次。实际上，我在 60 岁以上男子组中获得了第一名，只不过那是因为我是比赛中唯一一个 60 岁以上的男子……

尽管年事已高，但我内心仍有一种顽固的好胜心。我看了一下自己的分段用时——前半程 1 小时 2 分钟，后半程 24 分钟。如果当初意识到自己有能力争取进入前 20 名，那么我就会站在靠前的位置起跑，上坡时就不会那样散漫，也不会花那么多时间拍照。这样的话，我可能会得到一些东西，但也会失去另一些东西。

来自郡安里的王冯佳女士在比赛过程中给我提供了无私的帮助

随后，我去酒店的酒吧喝了几杯啤酒，不确定这是不是最佳的赛后放松方式，但我认为这是自己应得的奖励。下午，大批参赛者陆续冲过终点线。30 公里组的获胜者比我晚一个小时左右到达。60 公里组和 100 公里组领先的选手下午 3 点左右开始到达。这些人一定都是铁打的。

总的来说，这是一次乐趣十足的经历，我非常感谢郡安里度假村不辞辛苦地为我安排住宿，并允许我参赛。王冯佳告诉我 2024 年 4 月还有一场比赛，问我是否想参加……

第四章

新与旧之间

浙江是中华文明的发祥地之一，享有"丝绸之府""鱼米之乡""文化之邦""旅游胜地"的美誉。杭州西湖文化景观、衢州江郎山、京杭大运河浙江段、良渚古城遗址被列入世界遗产名录。杭州灵隐寺、宁波天童寺、天台国清寺历史悠久，佛音袅袅。绍兴兰亭是中国的"书法圣地"。历经百年的西泠印社是中国最早以印学研究为主的学术团体，也是专业的金石书画出版机构。西子湖畔、山阴道上、天石城还留有李白、杜甫等400多位唐代诗人的上千首诗作。

浙江还是中国古老南戏的诞生地。被称为"东方莎士比亚"的明代戏曲家汤显祖曾在浙江任知县，他创作的昆曲剧本《牡丹亭》是中国古代戏剧的经典。越剧是中国最具影响力的地方戏曲剧种之一，以浙江小百花越剧院为代表，有《梁山伯与祝英台》《西厢记》等经典剧目。乌镇戏剧节已颇具国际影响力。

浙江现有国家级非物质文化遗产241项，著名的有东阳木雕、青田石雕、乐清黄杨木雕和瓯塑（简称"三雕一塑"）等。中国传统蚕桑丝织技艺等11个项目入选联合国人类非物质文化遗产名录，其中，中国活字印刷术（瑞安）、中国木拱桥营造技艺（泰顺廊桥）入选联合国急需保护的非物质文化遗产名录。

2023年9月，杭州第19届亚运会与第4届亚残运会相继举办。亚运会设有40个竞赛大项、61个分项，共产生482枚金牌，新增电子竞技和霹雳舞两个新项目，分属"智力项目"和"体育舞蹈"。比赛场馆共56个（含2个亚残运会独立竞赛场馆），其中42个场馆位于主办城市杭州，其余14个分布在宁波、温州、湖州、绍兴和金华。

台州天台：
和合文化

台州市地处东海之滨，北临宁波，南接温州，是浙江省重要的沿海城市之一。三城南北绵延约300公里，其中台州人口超过600万，称得上一座大都市。

浙江的山脉从狭长的沿海平原陡然向西延伸。曾几何时，台州因基础设施落后而相对闭塞，后来成为改革开放试点城市之一，因此也是中国现代民营企业的发源地之一。目前总部位于杭州、研发中心位于宁波的吉利汽车最初就是在台州成立的。

2023年11月一个晴朗的周三上午，我飞抵台州机场。由于飞机降落时要求关闭遮光板，我没能俯瞰这座城市的景色。着陆后，我没有在城区参观，而是立即登上了一辆长途汽车前往山区。此行的目的地是台州皇冠上的明珠——天台山，位于台州西北约90公里处。

天台山是中国佛教最早创立的一个宗派——天台宗的发源地，它见证了中国古代哲学三大主线儒、释、道的融合。由于其悠久的历史，这里也是一

静谧的石桥寺院

年一度的和合文化论坛的举办地。之前我曾多次受邀来访，但因新冠疫情和各种更紧急的项目而未能成行，很高兴这回终于来到天台山参加论坛，并为本书的写作展开调研。

论坛的日程之一是参观天台山风景区。天台山最壮观的景色是石梁飞瀑，飞瀑直泻到30米的深潭中。瀑布上横架一天然石梁，其最窄处19厘米，最宽处48厘米。这一自然奇观孕育了众多民间传说，其中最著名的是在天台山修行的东晋高僧昙猷的故事。据说，昙猷坐禅得道，成功走过了飞瀑上的石梁，并目睹了五百罗汉应化显现。宋建中靖国元年（1101年），为纪念五百罗汉，人们在石梁之下修建了下方广寺。

尽管时间已是11月，但天气温暖宜人，山中绿意盎然。无数溪流从山间和周围的丘陵穿过，山间小径和河边步道纵横交错。我们在水边漫步了一个小时，参观了几处寺庙，拍照记录了周围壮观的景色。当时还有其他参观团在场，所以气氛相对热闹，但即便如此，这里的环境也显得格外宁静祥和。我试着想象古代这里的景象，便不难理解僧侣和其他隐居者为何对此地情有独钟。我们参观的时间很短，导游告诉我可以沿着小路从山上一直走到距离几公里外的天台县城。我很想走走这条路，但不知道以后还有没有机会。如果有人想去天台山游玩，我很推荐体验这条路线。

长期以来，人们认为中国丰富悠久的文化起源于《易经》这一中国智慧的奠基之作。但考古学的进展和相关发现表明，和合文化的出现甚至比《易经》还要早得多。最近的研究显示，和合文化的起源可以追溯到两个古老而神秘的图案："河图"和"洛书"。据信，这些图像代表了宇宙的起源和演化规律，蕴含着深刻的哲学见解，对中国文化产生了深远的影响。

我很难在有限的篇幅内对这一复杂深奥的主题做全面的解析，但这里可以提供一些基本的背景信息。若想了解更多相关内容，出版于 2023 年 11 月的《和合文化快读》一书非常值得一读。这本书由台州市和合文化研究院、当代中国与世界研究院、中国翻译研究院联合编写翻译，朝华出版社出版。我参与了该书英文版的编辑工作，下文借鉴了该书的内容，在此对作者、编辑及出版单位表示衷心的感谢。

将中文"和合"音译到英文有些欠妥，因为"Hehe"在一定程度上失去了原文的严肃性。不过，考虑到其中的"e"发的是单词"the"中的 [ə] 音，而不是"thee"中的 [i:] 音，这一翻译似乎就不那么古怪了。即便"e"发 [i:] 音，"hee hee"（读作 [hi: hi:]，英文笑的拟声）的内涵也并非完全不恰当，因为"和合二仙"，即寒山和拾得两人均以开怀豁达而著称。中国的《尔雅》是世界上最古老的词典，其《释乐》篇记载了一种叫小笙的乐器，由 13 根长短不一的管子组成，又称为"和"。

小笙的形状与甲骨文中的"和"字十分相似。在甲骨文中，"和"字的左半边上面代表人的嘴，下面是由四根管子捆绑而成的装置。这种乐器类似于今天的"排箫"或"笙"。管子长短不一，发出不同的音调，体现了和谐的精髓和力量，也就是中文的"和"的涵义。

天台山国清寺

  相传管乐器的发明者是中国古代音乐始祖伶伦。有一天他在山中漫步，发现两只凤凰在鸣唱。伶伦坐在树下，专心地听着它们的叫声，发现雄凤有六种不同的声音，雌凰也有六种不同的声音。这十二个音律组成了和谐的音阶。

  随着时间的推移，"和"从表示音乐的和谐，逐渐转变为代表不同事物间的互补，即追求一种"和而不同"的境界。这种和谐成为一种哲学概念，并应用于各个领域。例如，在治理国家方面，中国人的理想是建立一个老有所养、幼有所教的社会，每个人都有自己的角色和位置。人人都为宏大的交响乐贡献自己独特的音符，形成一个和谐的社会，就好像鸟鸣或不同的音符创造出美妙的旋律一样。

  汉字"合"的上半边好似盖子，下半边则像容器。这一构造形象地展示了盖子与容器相吻合或合拢的概念，象征着不同物品或概念的结合或融合，引申为一种参与、联合或协作的精神。

"和"（代表和谐）与"合"（代表融合）共同构成了"和合"这一复合词，概括了不论在自然界还是人类不同文明之间，各种元素和谐共存的理念。尽管存在差异，但它们结合在一起产生了新的事物。

春秋时期（前 770—前 476 年），齐国的晏婴用汤羹向齐桓公解释"和"与"同"的区别。"和"就好比厨师将各种食材和调味料混合在一起，烹制出味美浓郁的汤羹。与此相反，"同"就像在水中加水，导致味道寡淡。孔子后来将晏婴所说的多样性的统一总结为"和而不同"。

可见，早在先秦时代，中华民族的祖先就对"和合"概念有了深刻的认识。植根于这种理解，他们倡导多样性、接受差异、承认矛盾的哲学。他们相信真正的和谐是在多样性、差异性和矛盾之中创造出来的。

在食物采集时代，人们集体生活，共同劳动。为了有效地满足家庭需要，一定的分工和合作是必要的。男人扮演猎人的角色，而女人则是采集者和看护者。这种分工与协作关系是"不同而和"的。男女之间的分工代表着"不同"，而家庭内部的密切配合则体现了"和"。

进入农业时代后，劳动仍然主要按照生产分工进行。一个常见的例子是，男人从事农活来保证食物供应，解决家庭"吃"的需要。另一方面，妇女织布提供衣料，满足家庭"穿"的需要。这种分工为婚姻凝聚力与家庭和谐奠定了基础。正是在这种古老的分工关系中诞生了"和合"文化。

随着时间的推移，这种互惠互利的关系被演绎成动人的爱情故事。其中最广为流传的是《牛郎织女》的故事，这个故事说明了夫妻的分工协作能实现婚姻的长久和谐。

故事是这样的。有个年轻人不知疲倦地在田间劳作，从黎明到黄昏，大部分时间都与牛为伴，人送绰号"牛郎"。与此同时，王母娘娘的第七个女儿美丽善良，心灵手巧，整日都在织造精美的天衣。因此，她被称为"织女"。

有一天，织女为了摆脱疲惫的工作，偷偷来到人间。缘分把她带到了牛郎耕作的田野。两人一见钟情，结合并生了一男一女两个孩子。他们过着平静的生活：牛郎在田间劳作，织女织布并照料孩子——这就是农业时代典型的劳动分配和日常生活。

中国有许多佛教或道教圣地，但天台山是独一无二的，因为它既是中国佛教和道教的圣地，也是和合文化发祥地。早在公元 4 世纪，佛教就传入天台山，后来智𫖮和尚在此讲经弘法，影响深远。智𫖮（538—597 年），祖籍颍川（河南禹州），是陈隋时期的高僧。

智𫖮的父亲是梁元帝时期的高官，但他 17 岁时父母双亡，家道中落。次年，智𫖮在今湖南长沙的果愿寺出家。随后，他于 560 年到今河南省修行，567 年到今江苏南京修行，在当地吸引了众多信徒，并引起了朝廷的注意。不过，智𫖮为那里繁华纷扰的氛围烦扰不堪，于是在 575 年带领弟子来到天台山，在此潜心禅修，讲经说法。

智𫖮在天台山创立了兼收并蓄的天台宗。591 年，晋王杨广（后为隋炀帝）授予他"智者大师"的称号。智𫖮将印度佛教与中国文化融会贯通，融合了南北方佛教的各种学说和派别。智𫖮创立的圆融三谛思想和他的讲经风格对后来的佛教宗派产生了深远的影响。597 年，智𫖮圆寂，杨广遵照他的遗愿，在天台山南麓修建了一座寺庙，初名为天台寺，登帝位之后，改名国清寺，寓意"寺若成，国即清"。

唐朝时，天台宗传入日本，国清寺被视为日本天台宗的祖庭。1085 年，一位名叫义天的高丽僧人来到国清寺求法。回国后，他带回了天台教义，并创立了本土的天台宗。如今，韩国天台宗也尊天台山国清寺为祖庭。因此，天台山不仅是中国佛教的圣地，也是日本和韩国佛教的圣地之一。

张伯端（984—1082 年），台州人，曾任台州府吏。传说他曾冤枉婢女偷鱼，致使其无辜自杀。得知真相后，张伯端对为官心灰意冷，认为自己处理的许多案件都存在冤屈和误判。于是，他将案件卷宗付之一炬，弃官修道。

80 多岁时，张伯端在成都得遇一位道教大师，拜师修习了金丹术。通过坚持不懈地修炼，张伯端自己也成为道教大师。之后，他回到家乡台州天台山，著书立说，创立了道教内丹南宗。

数百年后的雍正十一年（1733年），朝廷敕封张伯端为"大慈圆通禅仙紫阳真人"。作为紫阳真人的诞生地和道教内丹南宗的源头，天台山已然成为道教圣地。

明朝以前，民间认可的"和合之神"一直是万回。万回是唐代的传奇人物，据说他曾日行万里，找到在边疆从军多年未归的哥哥，并回家通报消息。毫无疑问，这个故事起源于动荡的时代，男子从军，骨肉长期分离。

将万回奉为"和合之神"的弊端在于他是一个单独的个体。和谐需要多种元素的融合，统一则至少涉及两种元素。因此，万回的影响力开始下降。大约到了明朝中期，"和合之神"被两个胖乎乎、面带微笑的男孩的形象所取代。他们一个手持象征和谐的荷花，另一个手持代表团结的盒子，内有五只蝙蝠。五只蝙蝠分别代表长寿、富贵、康宁、好德、善终，也就是五福。随着时间推移，这两个男孩变成了隐僧寒山和拾得的象征。

寒山相传是长安（今陕西省西安市）的儒生，曾多次参加科举考试。屡试不第后，他前往天台山，在寒岩洞过起了简朴的隐居生活。他穿着破旧的衣服，头戴桦树皮帽子，脚踏大木屐，吃野菜，喝山泉。他经常在寒岩洞内外诵读经文，或在岩石、树木上题诗。

而拾得据说是国清寺住持丰干大师在天台山林中发现的弃儿。大师将孩子抱回寺庙，取名拾得。他后来长成了一个健壮的小和尚。有一天，拾得奉命看管香灯，但丰干大师却发现他坐在佛祖的莲花宝座上，悠闲地吃着供品，于是他被贬为厨僧。

后来，拾得开始和寒山交往，给他吃厨房里的剩菜。每当两人在一起的时候，都会传来欢声笑语。两人聊天、写诗、唱歌、跳舞。渐渐地，拾得也开始过寒山那种乞丐一般的生活。

丰干大师似乎原谅了拾得的不敬行为。一次，他向台州刺史闾丘胤说起寒山和拾得，称二人为天台山的佛学大师，是文殊菩萨和普贤菩萨的化身。闾丘胤遂上山求见，但二人听闻后抚掌大笑，随后一起隐入山林之中。

闾丘胤后来又多次造访，再未能觅见寒山和拾得，但发现了二人题在树上、峭壁上、屋墙上的许多诗歌。他差遣手下仔细抄录了300余首，编纂成《寒山子诗集》。这部作品流传至今，其中一些诗歌劝诫世人儒释道三修。

同样是在清雍正年间，皇帝下诏封寒山和拾得为"和合二圣"。至此和合之神的身份得到官方确认，至今日再未发生变化。这就解释了天台山对佛教、道教、和合文化的重要性。

千百年来，和合文化对中国的政策产生了持久的影响，且一直延续至今。对和谐的追求始终体现了中国崇尚和平而非冲突，最初对邻国和藩属国如此，现在在国际舞台上也是如此。

中国最古老的史书之一《尚书》记载了公元前约2000年至公元前200年商周时期的大事，首次提出了"协和万邦"一词。书云："九族既睦，平章百姓。百姓昭明，协和万邦。"

孔子将这一思想概括为"远人不服，则修文德以来之。"在强国动辄以蛮力将自己的"价值观"强加于人时，孔子的这一观点依然适用。

哲学家墨子（前476或前480—前390或前420年）虽反对儒家思想，却极力主张非攻。公元前445年，楚惠王聘请了中国古代最伟大的工匠鲁班，为攻打邻国宋国制造攻城器械。墨子以衣带为城，竹片为器，与鲁班模拟两军相斗，结果鲁班的进攻策略都行不通。楚惠王随后放弃了他的攻宋计划。

现代以来，"和而不同"的理念在"和平共处五项原则"的制定中得到了明确体现，这也是中国处理国际事务的原则。1953年，周恩来总理在接见印度代表团时首次系统地提出和平共处的五项原则，他的话影响深远，值得引用：

"新中国成立后就确立了处理中印两国关系的原则，那就是互相尊重领土主权、互不侵犯、互不干涉内政、平等互惠和和平共处的原则。"

1955年，在印尼万隆召开的亚非会议上他重申了上述原则，并将"互相尊重领土主权"改为"互相尊重主权和领土完整"。此前，在1954年的中印、中缅联合声明中，已将"平等互惠"改为"平等互利"。亚非会议之后，多个国际组织采用了这一表述，并在国际会议、论坛和其他活动中屡次重申。

在习近平主席的领导下，中国领导人持续秉承相互尊重这一国际关系的重要原则。各国人民都有权选择自己的治理模式，没有适用于所有情况的"正确"模式，也没有强加于人的"一刀切"模式，治理体系的多样性值得珍视和维护，而不是蔑视和破坏。

2021年1月25日，习主席在世界经济论坛"达沃斯议程"对话会的线上活动中发表特别演讲，其中一段话非常精辟地表达了这一观点：

> 世界上没有两片完全相同的树叶，也没有完全相同的历史文化和社会制度。各国历史文化和社会制度各有千秋，没有高低优劣之分，关键在于是否符合本国国情，能否获得人民拥护和支持，能否带来政治稳定、社会进步、民生改善，能否为人类进步事业作出贡献。各国历史文化和社会制度差异自古就存在，是人类文明的内在属性。没有多样性，就没有人类文明。多样性是客观现实，将长期存在。差异并不可怕，可怕的是傲慢、偏见、仇视，可怕的是想把人类文明分为三六九等，可怕的是把自己的历史文化和社会制度强加给他人。各国应该在相互尊重、求同存异基础上实现和平共处，促进各国交流互鉴，为人类文明发展进步注入动力。

中国选择了适合自己脚的鞋，而从不强迫别人穿自己的鞋。

和合文化的另一个关键要素是人与自然的平衡，即人与自然应该和谐共处，自然应受到保护，而不是被贪婪掠夺。这也是中华文明自古以来的主题，中国古人清醒地意识到环境保护对人类生存的重大意义。

早在汉代的《礼记》中就有许多关于保护环境的规定。每年农历正月，官府都要下令祭祀山林川泽，但也有一些禁忌：不得用雌性动物作为祭品；不得砍伐树木；不得捕捞鱼苗；不得捕杀怀孕的野生动物或其新生的后代；不得破坏鸟巢；不得带走鸟蛋或小鸟。

《孟子》云："不违农时，谷不可胜食也；数罟不入洿池，鱼鳖不可胜食也；斧斤以时入山林，材木不可胜用也。"这句话是告诫人们要适时取用、适度利用自然资源，也体现了天人合一、和谐共处的思想。

1846年，年逾六旬的清道光皇帝下旨狩猎南苑，计划在16岁的奕詝和15岁的奕䜣中选择皇位继承人。人们普遍认为道光将立奕䜣为储，因为他精于骑射，奕詝则在狩猎中一箭未发。面对质疑，奕詝回答说："时方春，鸟兽孳育，不忍伤生以干天和。"道光于是立奕詝为储，他也就是后来的咸丰皇帝。

不可否认，在20世纪末，中国曾一度视经济发展为成功的唯一标准，忽视了人与自然的平衡这一至关重要的古老原则。但是，中国人只用了大约20年的时间就吸取了西方人用了两个世纪才学到的教训——以牺牲环境为代价的经济发展不仅是不可持续的，而且会带来惨痛的代价，没有人能够承受得起。

21世纪初，时任国家主席胡锦涛确立了科学发展观，恢复了环境保护在中国文化中的应有地位。习近平主席是这一理念的早期倡导者，他在《之江新语》一书中多次提到这一理念。

从那以后，中国在生态文明的许多重要方面走在了世界前列，包括植树造林、土壤修复、改造沙漠、各种形式的可再生能源、太阳能电池板、电动汽车的制造，以及绿色生活方式的推广等。与许多西方发达国家不同，中国正在实现其宏伟的双碳目标，即2030年碳达峰、2060年实现碳中和。中国很有可能提前实现其中第一个目标。

和合文化对人类文明的进步做出了巨大贡献。本书这一部分写于2024年1月，此时世界上正在发生可怕的事件——局部战争、冲突不断。以下是我2023年在和合文化论坛上的发言稿，把它放在这里是因为我相信和合文化有利于构建更好、更公平的世界秩序。我的发言并不是抽象的或概念性的，而是以直率的方式回应具体问题。

如果说世界上有一套摆脱危机的解决方案，那么和合文化可以做出重要贡献。

在和合文化论坛上的发言

作为《和合文化快读》英文版的编辑，我很荣幸有机会在本次论坛上发言。和合文化在中国有着悠久的传统，最早可以追溯到有文字记载以来的历史时期。孔子确立了"和而不同"的原则，古代中国经历了漫长的冲突与融合，从百家争鸣，到法家、道家、儒家的产生，以及后来各种思想的融合都是其具体体现。

"和合"的最佳译法可能是"harmony and convergence"（和谐与融通）。需要注意的是，只有不同的事物才能融通。因此，融通也意味着多元和谐，换言之，也就是儒家理想中的"和而不同"。

从古至今，"和合"一直对中国文化产生着强大的影响。它是习主席所倡导的人类命运共同体的基石之一。

就在几周前，我有幸在杭州观看亚运会。我想不出还有什么能比此次盛会更好地体现"和合"的理想。来自不同国家、不同文化背景的人们在这里和谐竞技。去残奥会观赛的体验更为明显，因为除了国家和文化的多元性之外，运动员个人的身体条件也具有非同寻常的多样性。然而，他们仍然能够本着和谐的精神，在遵守规则和相互尊重的前提下，找到公平竞争的方法。

首先，运动员们会做什么呢？他们必须齐心协力，搁置之前可能存在的任何争议，并就新一届运动会的新组织机构达成一致——在这个机构中，每个参赛者都拥有平等的发言权和被倾听的权利。他们必须向作弊者解释，要么像其他人一样遵守规则，要么自己玩。甚至作弊者有一天也可能会意识到，当自己是唯一的参赛者时，赢得比赛实际上也没有多大乐趣。他可能会选择重新加入机构，学会遵守规则，并接受其他人也有权利赢得比赛的事实。

这正是世界现在需要做的。建立一个新的多极秩序，让每个国家、每种文化都能参与制定规则，并都同意遵守规则。

老子说，治大国若烹小鲜。建立新的国际秩序则是一个更加宏大、更加微妙的目标，需要更加谨慎地处理。

首要条件是团结。这很难实现，因为团结意味着那些长期存在冲突和积怨的国家和文化必须同意搁置分歧，追求共同利益，而这需要时间。

因此，第二个条件就是耐心。建立新的国际秩序是一场剧烈的变革，而匆忙强加的剧烈变革往往会带来无法预料的后果。

显然，实现这一目标的最佳方法是经受过数千年考验的方法，一种基于多元和谐、融通的方法。世界上越多的人了解和合文化，他们对新的多极秩序就越认同；世界上越多的人采用和合的方式，努力就越有可能取得成功。

这就是为什么和合论坛和《和合文化快读》如此重要，祝愿本次活动取得圆满成功。

大卫·弗格森

2023 年 11 月 7 日

儒家传统，
以及一次惊喜的邂逅

有朋自远方来，不亦乐乎？

有志同道合的朋友从远方来，岂不是一件乐事？这是孔子最有名的著作《论语》开篇的一句话，也是他最著名的名言之一。

这句话和孔子的许多言论一样，看似简单明了，其中却蕴含着深层次的智慧。毫无疑问，与亲密的家人和住在附近的朋友共度时光是一种享受，欢迎远道而来的家人也是一件乐事。但是，一个人无法像选择朋友那样选择自己的家人，因此我们和朋友之间的纽带和与家人之间的血缘关系是不同的。我们不太可能经常见到远方的朋友——在孔子的时代更是如此，那时朋友之间往往山高水长，旅行也艰难而缓慢。因此，当一个朋友从远方来，他（或者她）一定会带来一些为主人所热切期待的新闻和消息；如果你是一位像孔子那样伟大的思想家，远道而来的朋友还会带来一些新的思想和观念，为双方的促膝长谈提供一些话题和素材。

衢州孔庙

作为一名作家，我有幸在中国各地旅行；我去了许多的地方，也遇见了许多的人。比如，十多年前，在写一本关于苏州的书的时候，我第一次知道了寒山和拾得两位名僧的故事。之后我造访了寒山寺，听到了钟声的故事，了解了《枫桥夜泊》这首诗，还了解了寒山寺那位著名的方丈及其好友的相关历史。

多年来，我在中国的经历往往会让我重温一些旧事。在撰写本书的时候，我受邀参加了每年在台州北部天台山举办的"和合"文化论坛。天台山是寒山和拾得一同生活的地方，在那里，我感受到他们无比珍视的孤绝山林的静谧和大自然的平和宁静。关于寒山和拾得最有趣的一点是，他们并不是不苟言笑的人，在各种雕塑和绘画作品中，两人总是被描绘成笑口常开的样子。

去了天台山后不久，我便来到衢州。很少有外国人知道衢州这座城市，中国的历史悠久而复杂，除非你是专家，否则很难熟知其全貌。我对宋朝皇帝南徙杭州之事略知一二，但完全不知道孔子家族的成员也随其南迁，从山东曲阜迁至衢州，并在那里修建了一座孔氏南宗家庙。

更令我惊讶的是，孔氏南宗的谱系已延续近千年，此外我还有幸拜见了孔令立先生——那位至圣先师的第七十六世嫡长孙。对比而言，衢州孔氏的历史是英国王室的两倍，后者传至今日只有三十七代。

拜访孔令立先生时，大概有十个人同行，有地方政府人员，有我自己的同事，还有一两位我在途中结识的人士。所有人都来到孔先生的书房里。我一开始以为气氛可能会比较尴尬。但孔先生并未把我作为正式的来访者接待，而是把我当成了一个朋友来迎接，俨然是"有朋自远方来"。他的待客方式是如此淳朴，以至于我把事先准备好的问题完全抛在一旁——我本想问他，他的名字是不是取自孔子的儿子孔鲤，我们就像多年未见的老友一样谈笑风生。孔先生请我和他共饮黄酒，他开玩笑说，作为客人，我需要饮酒三杯，而他只需要喝一杯。最后他干了两杯，也可能是三杯。我教他如何用盖尔语（一种古老的苏格兰语）说干杯：Slainthe Mhath。很多英国人觉得这个词完全没法发音，但它对中国人来说却非常容易。只需要用中文说"三个青蛙"就可以了，任何苏格兰人听了都会点头表示赞同。

在各种文字中，孔子总是被描绘成一个威严的人物，略显庄重和疏离。我不知道这种描述有多准确，但孔子第七十六代孙完全不是这样一种形象。孔先生若与寒山和拾得两位名僧相处，会感到非常舒服自在。当我告辞离开时，他往我的口袋里装满了花生，还硬要送我几样东西，有一支雪茄、我们喝剩的那瓶黄酒，以及一本《论语》。他在《论语》上签了名，并题写了他祖先的那句名言——有朋自远方来，不亦乐乎？花生我吃掉了，雪茄我也抽了。

应该说，大多数古代文物并非一开始就是文物，最初它们多是人们生活中的寻常物件。之后，随着年代逐渐久远，它们也变得越来越稀有，正是这些属性赋予它们价值。现在我拥有两件值得纪念的物品，虽然它们只有几个星期的历史，但我相信未来它们会成为非常有价值的文物。我当然也希望它们能够成为我家的传家宝。

第一件是我和孔先生共饮的那瓶黄酒，现在它已经成了空瓶。第二件是他送给我的那本《论语》，我会把它传给我的儿子，并希望他能将其中所承载的重要信息铭记于心。

其他来衢州的游客可能不都像我一样幸运，能够亲自拜访孔令立先生，但他们仍然应该专程去参观一下这座家庙。和爽朗洒脱的孔先生不同，这座建筑本身略显肃穆，里面摆放着各种图像和艺术品，有一种庄重严肃的学习氛围。这里的环境也较为安静，院内修建有花园和池塘，池塘里成群结队地游着圆鼓鼓的鲤鱼。

严小平先生带我四处参观了一下。他是衢州本地人，十分尊崇孔子，已在孔庙工作了 20 年，从事日常管理和导游工作，拥有广博的学识。

虽然这个家族是在近一千年前搬到南方，但现在这座孔庙却仅能向前追溯到 500 年前的明代。在漫长的历史中，南宗孔庙历经沧桑起伏，辉煌过，也衰落过。和许多类似的遗址一样，它在"文化大革命"的"破四旧"运动中也遭到破坏，但后来这一严重错误得到了改正，所受损失得到了补救，建筑自身和里面的东西也早已恢复。

我们从两扇侧门中的一扇进入（正门只在孔子生日那天开放）。首先需要跨过一个门槛，这是一种垂直于地面放置的木料或石料组成的结构，在中国各地的寺庙和古建筑中都很常见。在中国各地的旅行中我肯定跨越过数百个这种门槛，但这一次我了解到一个有趣的事实，对我来说也是一个全新的知识，那就是建筑物主人的地位越高，门槛就越高。孔庙的门槛就相当之高。

这是一个周日的下午，孔庙里挤满了游客，其中许多都是全家出动。院子里矗立着巨大的银杏树，它们已经在那里生长了五百年，和孔庙本身一样古老。孔氏家庙在建立之初便设立了一所学校，它承担着两项责任——管理孔庙和教授孔子的哲学。随着孔氏南宗在衢州落地生根，儒家思想在这里也越来越受欢迎并得到了广泛传播，孔氏家族也逐渐人丁兴旺起来。衢州现在居住着成千上万有着孔子血统的孔门后裔。

拜访孔子第七十六世嫡长孙孔令立（徐正天 摄）

  1282 年，中国最著名的皇帝之一、元世祖忽必烈欲诏孔子第五十三世嫡孙孔洙重返北方。孔洙婉拒了皇帝的赏赐，并将衍圣公的爵号让给了他的族弟，自己则仍留在衢州。元世祖欣赏孔洙的淡泊名利，赞叹他"真圣人后也"。"孔洙让封"的典故流传不绝。

  在衢州孔庙的诸多厅堂里装饰摆放着许多艺术品，包括绘画、雕像、碑文和石碑。其中最著名的一幅画是由一位唐代著名画家绘制的孔子和夫人亓官氏的画像。令我印象较深的还有一组由三尊雕像组成的群塑，它们分别代表着孔子第四十八世孙孔端友、第五十九世孙孔彦绳（明朝时，孔彦绳复爵为世袭翰林院五经博士，为孔氏南宗再次受袭封之始）和第七十三世孙孔庆仪。在立于各处的石碑中，有一块已有九百年的历史，可以追溯到孔庙建立之初；除此之外，还有一系列明清时期的石碑，包括清朝皇帝康熙时代的石碑。康熙是中国在位时间最长、也是中国历史上最著名的皇帝之一。

几千年来，碑文一直是中国文化的一个核心元素，不仅帝王通过各种匾额碑刻来彰显其恩宠或表达其观点，其他杰出人物也多有此举，一直到了近现代，高级政治家都还在因循这种习惯，孙中山就是一个典型的例子。作为题赠对象的个人对这类匾额碑刻均极为珍视，不仅因为它们象征着自身的荣誉，还因为作为文学和书法作品，它们具有极高的审美价值。在中国文化中，有着高超文字造诣的作家和碑文书写者历来受到人们的尊崇。不幸的是，翻译碑文和翻译笑话一样难，甚至可能更难，即使是那些能够说一口流利英文的人，也无法用英文完全捕捉到中文碑文的语言和视觉精髓，这从其本质上来说就是不可能的。孔庙里有很多这样的例子，包括清朝康熙皇帝题写的匾额"万世师表"和他的儿子雍正皇帝题写的"生民未有"，我用英语来表达分别是"Teachers for Future Generations"、"Never has been seen such a great man"，然而这样的译文完全无法体现出原文的风貌。

我很高兴能够在身心放松的状态下参观孔庙，作为与孔令立先生会面的前奏，它再完美不过。

衢州：
杜立特行动和永恒的友谊

我必须承认在访问衢州之前我对这个城市一无所知。但是，如果你了解到衢州是一座拥有1000多年历史的古城，你就会意识到，这个城市一定有很多地方值得讲述。我在访问期间就了解到一个有趣的事实，即衢州实际上是世界闻名的策略类游戏围棋的发源地。这座城市曾组织过一次大型围棋比赛——5290名小棋手同时对弈，并成功被收入了吉尼斯世界纪录。

在维多利亚时代的英国，有一种著名的现象叫作"公民自豪感"。在英格兰北部和苏格兰的大型工业城镇，成功的工业巨头和地方政府会出资修建各种标志性建筑，如图书馆、博物馆、画廊、公共浴室和地方政府办公楼等。遗憾的是，很多时候，用于建造这些建筑的财富多来自于不怎么光彩的事业，比如奴隶制经济和大规模殖民活动。不过，自撒切尔夫人执政以来，英国经济重心从工业转向金融业，繁荣的天平整个转移到了伦敦，这些城镇和城市也日渐衰落。许多建筑物已经废弃或破败，或者已经完全消失了。

中国的大多数城市也都有地标性建筑，其中既有地标性大楼也有标志性的休闲区。衢州市文化艺术中心就是一个很好的例子。它坐落在衢江沿岸一片开阔绿地的边缘，在阳光明媚的冬日里漫步于此是一种异常惬意的体验。这个文化艺术综合体堪称建筑设计的一大杰作——其曲面结构造型优美且富有科技感，体现出设计师的非凡想象力。

现在，我想展开去讲一个名叫"杜立特行动"的故事，它藏在这个安静的古城里，诉说着从二战时期延续至今的悲壮而感人的记忆。

对于二战中的盟军来说，1942年注定是艰难的一年。在欧洲战场上，法国已被德国占领，英国仍处于守势，英国的城市在夜间不断遭受德国空军的袭击。在北非，隆美尔的部队正稳步将盟军向东逼进埃及。美国方面，尽管其已宣布进入战争状态，但由于珍珠港事件所带来的冲击过于巨大，整个国家尚未稳住阵脚，因而一时难以进行全面动员。只有在东欧战场，人们能够看到一丝希望。红军和严冬阻碍了德军在莫斯科城外推进的步伐。这最终将被证明是战争的转折点，同时也是希特勒最终失败的第一步，只是当时没人能够预见这一点。事实上，苏联当时还与日本签署了互不侵犯条约；另一方面，日本的武装力量已占领中国的大片领土。日本似乎战无不胜，将法国人赶出了中南半岛，将英国人赶出了香港、马来西亚和新加坡，将美国军队赶出了菲律宾，并导致其损失惨重。

美国迫切需要一个胜利来鼓舞士气，富兰克林·罗斯福总统责成其军事领导人制定一项打击日本的计划。尽管太平洋舰队在珍珠港遭受了巨大损失，其行动范围也因而受到一些限制，但美国海军仍然拥有十分强大的实力。美国的军事策划者们制定了一个大胆的计划——对日本本土的心脏，即首都东京进行打击。这次突袭的军事目标是攻击日本的军事设施，阻碍其与战争有关的工业生产，同时让日本民众感到恐慌，迫使军方从其他战区召回作战部队以保卫本土，从而减轻在太平洋等其他战区作战的盟军部队的压力。

在做出最后决定和制定最终计划之前，军方考虑了多种可能性。最后决定由美国"大黄蜂"号航空母舰驶往靠近日本海岸线的地点，然后从那里派出轰炸机群。美军根据此次任务的特点考虑了多种型号的轰炸机，它们都有着各自的优缺点。最后选择的是 B25 轰炸机，主要原因是该机型的缺点相对较少，更适合执行此次任务。然而，其后的测试表明，虽然 B25 可以从航母的飞行甲板上起飞，但它很难在航母上着陆，由此便排除了作战后返回航母的计划。

轰炸机驶离"大黄蜂号"航母

美军需要为轰炸机的返回寻找一个新的方案，而这正是中国对该计划至关重要的地方。轰炸机无法返回航母，也不可能去俄罗斯的符拉迪沃斯托克降落。这是离日本最近的安全地点，但俄国人为了不破坏他们和日本的互不侵犯条约，拒绝了美国的请求。最终的决定是让飞机降落在中国浙江省和江西省尚未被日军占领的机场，其中最主要的、也是最容易找到的就是衢州机场。跑道只在飞机着陆时才会点亮。然而这也具有一定的危险性，它们很可能会被日本军队发现。

这次任务被指派给詹姆斯·杜立特中校，因此被称为"杜立特行动"。参加这次行动的成员全部是来自轰炸机大队的志愿者，他们是真正的战争英雄。此前从未有人执行过如此雄心勃勃的任务，他们也都清楚这可能是一次自杀式任务——很有可能谁也回不了家。

1942 年 4 月 18 日，"大黄蜂"号航空母舰率领四艘巡洋舰开始驶近日本海岸。大黄蜂上载有 16 架 B25 轰炸机，这些飞机上的所有非必要设备都已拆除，包括尾部机枪；取而代之的是一把扫帚柄，用来愚弄和威慑试图接近的战斗机。这一计策似乎奏效了——后来幸存的机组人员中没有一个报告说曾遭到来自后方的日本战斗机的袭击。轰炸机上还安装了额外的燃料箱，以最大限度地增加航程。

当天清晨，美国舰队遭遇了一艘正在附近海域巡逻的日本小型哨戒船。一艘巡洋舰将其击沉，但该船在沉没前成功地用无线电向其指挥部发出了警告。美国舰队距离计划的起飞点还有200英里，但指挥官决定轰炸机队必须立即起飞，以便让舰队能够及时后撤。

令人惊讶的是，这些飞行员之前都未从航母上起飞过。他们所有的训练都是在陆地上有标记的跑道上完成的。杜立特的飞机第一个起飞，它差点撞上海浪，但最终成功地飞了起来。其他所有飞机没有再遇到意外情况，全都顺利起飞。

飞机成功地完成了任务，没有一架飞机被拦截或击落。它们飞抵日本上空，投下炸弹，然后向西前往中国。但是，这些轰炸机在航程和技术能力上都已达到了绝对极限。

由于"大黄蜂"是提前起飞，中国机场为它们点亮跑道的计划也随之陷入了混乱。因为没有可供着陆的跑道，所有机组人员都被迫从飞机上跳伞。

在这些队员中，3号机组、5号机组在衢州江山境内弃机跳伞。当地军民自发施救，用人力将飞行员从山上转移到安全地带。

4月18日晚，暴风骤雨中，5号机副驾驶怀尔德紧急跳伞后，降落在衢州江山大桥镇苏源村的山坡上，他将随身携带的小瓶威士忌酒一饮而尽，把自己裹在降落伞里过了一夜。第二天，苏源村村民毛光孝发现了怀尔德，把他接下山带回村里。由于语言不通，怀尔德就在沙地上画出铁路线，通过比划动作和模仿火车声音，让村民明白他想去的方向。在村民帮助下，怀尔德一路辗转，成功与部分获救飞行员会合。同一夜，3号机领航员查尔斯·奥祖克跳伞降落在衢州江山的一个村庄，被降落伞挂在悬崖上一整夜，第二天被村民廖诗原发现，带回家中。廖诗原一家人细心照顾他，在那个物资极度匮乏的年代给他吃煮好的鸡蛋，从山上挖来草药敷在他的伤口，还让他睡在自己弟弟的床上进行休养。江山东积尾村村民在山顶发现了鲜血淋漓的队员曼奇，身高1.74米的村民毛继富主动背起身高近2米的曼奇下山，在崎岖的山路中跋涉了整整一天……

3号机组成员合影

几天后，这些"杜立特行动"的队员都被安全转移。64名杜立特队员中，有51人被送到衢州的第十三航空总站（现遗址位于衢州柯城区双港街道汪村）集中，经湖南衡阳机场前往重庆。

但是，帮助美国飞行员逃脱日军搜捕的平民却付出了惨重的代价。杜立特行动后的一个月内，衢州机场遭受轰炸达59次。日军在浙江和江西的农村展开了大规模搜捕行动，试图抓获那些安全着陆的机组人员，但他们一个也没抓到，这让日军大为光火。他们发动了骇人听闻的报复行动。所有被怀疑窝藏逃犯的城镇和村庄都被整个夷为平地。

到了8月，中国军队开始将日军赶出占领区，在撤退期间，日军从其驻扎在东北的臭名昭著的731生化部队运来了生物武器。他们利用饮用水和食物传播霍乱、鼠疫、伤寒和痢疾。具有讽刺意味的是，在混乱之中，他们自己的一些部队也成为病原体的受害者，有1万名日军感染疾病，其中近2000人死亡。

为了帮助64名英勇的美国机组人员逃脱日本人的抓捕，大约25万中国平民付出了生命的代价。

1990年，在"杜立特行动"近50年后，一位自称为"冒险家"的艺术

再现历史（卢颖 摄）

家从明尼苏达州的雷德温来到中国。雷德温是一个坐落在俯瞰密西西比河的断崖边上的风景如画的小城。这位艺术家的名字叫布莱恩·穆恩（Bryan Moon），是杜立特的好友。和他一道来中国的还有当年 1 号机领航员亨利·波特。他们的目标是搜寻坠毁的杜立特轰炸机的残骸。他们成功地找到了其中三架飞机残骸，甚至还见到了几名当年参与救助美国飞行员的中国村民。从这颗小小的种子中诞生了举办"杜立特行动"50 周年重聚活动的想法，这是雷德温与衢州之间持久友谊和紧密联系的开始。虽然几十年过去了，但"杜立特行动"的传奇记忆仍然留在中美两国人民的心中。

1992 年，"杜立特行动"50 周年纪念活动在美国举行，五名曾帮助拯救美国士兵的中国人出席了此次活动。这五位中国人在五角大楼受到时任美国国防部长迪克·切尼的接见，并被授予美国的官方奖项。1993 年，穆恩再次

美国杜立特突袭者子女协会代表在衢州（卢颖 摄）

从雷德温前往衢州，带来了在两个城市之间建立更紧密联系的希望。1994年，衢州与雷德温正式建立友好关系，此后两地在教育、文化、经贸等领域的交流日益加深。两座城市的友谊缩短了太平洋两岸的距离。2012年和2013年，在美国又举行了"杜立特行动"相关纪念活动。几十年前结下的深厚友谊历久弥新。

2015年9月，时任杜立特突袭者子女协会主席杰夫·撒切尔应邀来华，参加纪念中国人民抗日战争暨世界反法西斯战争胜利70周年大会。他来到衢州访问，提议并推动在当地设立杜立特行动纪念馆。

2016年4月18日，在"杜立特行动"74周年之际，"中美联手抗日纪念馆——江山民众营救杜立特行动飞行员事迹陈列"在衢州江山仙霞关开馆。2018年10月25日，位于衢州市罗汉井6号的杜立特行动纪念馆正式开馆。

侵华日军细菌战衢州展览馆及杜立特行动纪念馆

杜立特突袭者子女协会成员、战争英雄的后代们共24人来到衢州，参加纪念馆开馆仪式。来到当年先辈们在战火中栖身的中国的"家"，注视着老照片中的先辈，他们眼含热泪，不能自已。

在衢州文化艺术中心，我有幸参观了一个旨在庆祝衢州与雷德温结成姐妹城市30周年的大型展览。它详细讲述了过去30年的重大事件，并展出了许多与之有关的物品，通过它们，访客得以深入了解两地的交往史。尤其令人感兴趣的是一批雷德温的本地报纸《雷德温共和鹰报》（Red Wing Republican Eagle），这些报纸出版于2003年到2013年之间，其中一篇文章记录了两座城市间艺术家的首次交流，另一篇报道了衢州摄影师黄祖祥抵达雷德温安德森跨学科研究中心访问，以及雷德温艺术家阿特·凯尼恩动身前往衢州访问的活动。

2023年11月15日，习近平主席在美国友好团体联合欢迎宴会上发表了题为《汇聚两国人民力量 推进中美友好事业》的演讲。演讲中提到，"浙江衢州有一个杜立特行动纪念馆，当年获救的美国军人的后代经常来到这里，向见义勇为的中国人民表达敬意。我相信，血与火铸造的中美两国人民友谊一定能够代代相传"。

孤立导致竞争和敌意，交流带来理解和友谊。

第五章

在"浙"里
看见未来乡村

"千村示范、万村整治"工程是时任浙江省委书记习近平同志亲自调研、部署、推动的重大决策，也是"绿水青山就是金山银山"理念在基层农村的成功实践。浙江深入实施"千村示范、万村整治"工程以来，农村人居环境面貌得到根本改善，美丽乡村催生美丽经济，农民人均收入显著提高。

　　截至2023年底，浙江已创建美丽乡村示范县84个、示范乡镇835个、风景线743条、特色精品村2605个、美丽庭院300多万户，创建未来乡村567个，全省93%的村庄达到新时代美丽乡村标准。2023年，全省休闲农业共接待游客1.91亿人次，营业收入达470.73亿元。

　　浙江大力推进城乡融合发展，持续推进美丽城镇、美丽乡村建设。2023年，浙江加快向县城扩面提质，全年实施项目8001个，投资超过预期150%；全面启动建设现代化美丽城镇省级样板120个、加快发展省级县域风貌样板区76个，全面启动实施213个省级美丽宜居示范村建设、100个传统村落保护提升项目，推动35个"浙派民居"试点落地；开工改造城镇老旧小区627个、楼宇7664栋，涉及建筑面积3710万平方米，惠及居民超16万户。

五四村：
数字化治村的尝试

　　五四村是德清县莫干山镇下辖的一个行政村。它位于杭州西北约 40 公里处，靠近德清县城。由于毛泽东主席曾经到访这里，该村得以在中华人民共和国的历史上占有一席之地。1954 年的春天，毛泽东在杭州参加新中国第一部宪法的修订会议，期间赴莫干山考察，途经此地，故名五四村。

　　这个村庄并不大。它的行政面积为 5.61 平方千米，全村有约 500 户家庭，总人口超过 1600 人。但是，该村因为地方党支部和政府在现代化建设和经济建设方面表现突出，特别是在数字基础设施的建设、试点和推广，农村治理以及公共服务数字化、智能化转型方面所做的出色工作而享有盛誉。2019 年，该村启动了"一图全面感知"乡村数字化治理平台计划，建立了一张由 500 多部传感设备组成、覆盖整个村庄的传感器网络，并建成一个智能信息处理系统。这使得该村实现对垃圾分类、农田保护和水体监测等村级重点服务的

德清县莫干山镇五四村（白羽 摄）

可视化监控和智能管理，村庄治理的效率得到显著提高。

这听起来可能并不是什么太了不起的成就，但该项计划的实施却实实在在地提高了当地居民的生活质量，同时它也证明了中国共产党的组织体系与治理体系的力量——如此小的村庄竟然能够开发和实现如此宏大的项目，保证这些项目在一个规模较小、较易于管理的范围内得以进行试点，从而更快速、更便捷地发现其中可能有的缺陷，并找到解决方案。

从 2021 年起，五四村开发和试点的系统开始在整个德清县推广，这是一个有着 40 多万居民生活在农村的县级行政单位。之后，该系统也成功应用于中国其他许多地方。

我见到了五四村的村党总支书记孙国文，他给我讲述了他的故事，并介绍了他们村是如何运作的。孙书记来自一个农民家庭，但显然他是个非常有

五四村公园（白羽 摄）

能力的人。高中毕业之后他修读了开放大学的课程，攻读农村管理和林业专业，并顺利毕业。

1981年，他去了三桥附近的水泥厂工作。三桥是位于德清县县城北郊的一个乡镇，这家工厂是镇上的一家乡镇企业，投资规模一亿，在其鼎盛时期雇用了大约300名员工，但到了1998年，水泥厂已经开始走下坡路了。

五四村和水泥厂都非常欣赏孙国文的才干，前者极力邀请他回村发展，后者则极力挽留他。1996年，他先是回到村里，但随后又被水泥厂召回。之后他再次回到五四村，并于2000年当选为村党总支书记。然而水泥厂再次请他回厂工作，这次村民们抗议了。最终，五四村赢得了这场拔河比赛，孙书记留在了村子里。那时，他是中国的一名基层书记，而习近平总书记当时是浙江省委书记。孙书记在五四村主政时，"八八战略"启动了。由于他的专业所学，他了解乡村振兴背后的思想和时任省委书记习近平想要实现的目标。

在21世纪初，中国已经存在一批小型村镇企业——例如制鞋厂和自行车链条制造厂。它们是对此前规模较小的手工作坊整合的结果。

2003年8月，五四村被评为浙江省"千村示范、万村整治"工程的千村之一。评选是在省级层面进行的，评选小组由相关部门的代表组成。

农村规划专家、来自浙江大学的王竹教授被邀请到五四村，帮助该村制定了一项改造计划。当时，村里的基础设施还很简陋。尽管村子距离德清县很近，德清县离杭州也很近，但村民要想去杭州却并不容易，必须先乘坐老旧的公共客车，再换乘同样老旧的火车，而三桥工厂的水泥则必须用驳船来运输。看着今天的中国，我总是忍不住去想，在世纪之交，也就是不到20年前，中国还是怎样一种面貌，以及从那时起整个国家发生了怎样翻天覆地的变化。而且五四村的地理位置在浙江绝对算不上最差的，在整个中国更不用说。

王教授的改造计划在2003—2009年的7年时间里分阶段实施，其整体设计并不复杂，然而却高效实用，并因此广受赞誉。其内容主要涉及基础设施建设——村里的道路全部铺设沥青路面、建立可覆盖整个村庄的供水和废物处理系统、安装路灯并修建公共厕所。该项目得到了多个资金来源的支持，包括县级政府补贴、村集体资金，在某些情况下有些项目还来自村民出资。改造工作完成之后，五四村便迎来了数字化和智能化转型。

2013年，一场有关"千万工程"进展情况的省级会议在五四村召开。2016年，五四村获得全国美丽宜居示范村的称号。2000年，全村人口为1600人，目前这一数字已逾2000。值得一提的是，其中有500人没有当地户口，而是作为人才引进的，对于这样一个小村庄来说，这是相当了不起的成就。

在发展的过程中，人们明确了一些新的经济发展方向并逐渐将其付诸实施，其中包括旅游业。旅游业可以产生两种收入来源：一个是直接的就业机会，一个是来自旅游企业的红利。五四村现拥有一家由村和村民共持股49%的村级文化旅游公司。

村民收入的另一个来源是土地承包。这是过去20年来中国发生的一个非

位于游客中心的数字大屏展示数字乡村发展（白羽 摄）

常重要的变化。在中国，土地并非个人所有。城市土地为国家所有，农村土地属于当地集体，集体再将土地的使用权承包给农民。在历史上，农民并不拥有土地所有权，而只有承包权。此外，他们既无法用自己的土地所有权作为抵押，也无法将使用权利承包出去。这使得他们很难筹集资金来改善土地、发展农业或创立其他形式的企业。中国政府一直在稳步推动相关改革，通过一些政策来解决这一问题。农民现在有权将自己的土地使用权承包给其他个人、集体以及国有或私有企业。他们既可以单纯赚取转包土地的租金，也可以从承包方那里获得分红。这样做的另一个好处是，农村将更容易创办效率更高、经济上更可行的大型农场。这种做法是中国在国家层面上推动农业现代化不可或缺的一部分。

我问孙书记，他曾经面临的最大挑战是什么。他回答说，没有任何一个重大项目是一帆风顺的,每个项目都曾遇到这样那样的障碍,而且你不可能在所有时间都让所有人满意。他个人感到遗憾的是,自己的工作有时会使一些人感到不满。有趣的是,几乎所有我在中国遇到的基层党政干部都曾对我说过类似的话。他们在相当程度上认为这是他们个人的责任。我对此一点也不感到惊讶,因为中国政府的所有官员,无论级别高低,都清楚地明白他们的最终责任是全心全意为人民服务。这也是习近平总书记各种演讲和著作中一贯强调的。

我又问孙书记,他是如何解决这个问题的?他告诉我,他的解决办法是有条不紊地推进项目,不要漠视普通百姓的关切。一定要通过在当地有影响力的人,也就是在当地受到较多敬佩和尊重的那些人来传达你的信息。最重要的是,不要对问题漠视不管,以至于使其升级到民众不得不投诉的地步。换句话说,采用"枫桥经验"——在地方层面解决地方问题。

外桐坞：
茶与艺术的交融

外桐坞的体验对我而言是生平第一次，而在我此后的整个游历过程中，这种体验又不止一次出现。这是一个有156户农户的小村庄，有120名儿童和89名60岁以上的居民。如今，这个村庄主要以文化艺术作为发展的重点。在中国，这通常被表述为"提高国民素质"，这种说法在西方并不多见。在西方，物质上的繁荣似乎已经达到顶峰，然而这一过程好像又伴随着文化的衰退。当下西方的流行文化被各种电视真人秀和名人八卦所充斥，已很少向大众传播其他形式的文化，整体而言是在走下坡路的。在中国，乡村在不断建造图书馆；而英国的城镇则一直在关闭图书馆——在过去十年中关闭了800家。

我在外桐坞以及在浙江曾游历过的其他许多地方的所见所闻与英国的情况截然不同。在浙江，凡我所到之处，物质生活都已相当之富裕，许多村庄的重点显然已开始转向文化发展，侧重于培养和发展新的文化形式。在许多

外桐坞艺术小镇

地方，人们都在积极探索发掘自身的才华和兴趣爱好，因为在物资匮乏的年代，许多普通人一生都没有机会去了解自己所拥有的才华。我将"提高国民素质"解释为国家鼓励公民超越物质生活的狭隘范围，并学会理解和欣赏不同形式的文化——特别是中国自身的传统文化活动。

  外桐坞实际上是位于杭州郊区山区的一个以种植茶为特色的村庄，是西湖龙井茶的主要产地。它距离杭州足够近，从某种意义上说，它更像是城市的郊区，在英国它可能会被称为通勤村，不过这种类比可能会有些误导。外桐坞所面向的不是那种平时进城工作、闲暇时将其作为承托其生活方式之基地的外来人群；这里的居民大多是本村人，他们的家族世代居住在这里。也并不是说这里没有新来者，相反，外桐坞接纳了大量的外来客人，既有短期的游客，也有打算长期居住在此的居民，它还有意吸引更多的人前来。不同之处在于，外桐坞号召这些外来者适应并融入当地文化，而不是根据他们的喜好将村庄改造成另一种样貌。

带我参观外桐坞的是该村一位60多岁的村民仇维胜。他在2002—2018年期间担任外桐坞村民委员会主任，这是一个经村民选举产生的职位。他的父母都是土生土长的本地人，以种茶为生。仇老先生的父亲能读会写，活到102岁高龄。他有一个儿子和一个十多岁的孙子，他告诉我，孙子在"杭州一所非常好的学校"念书。他的妻子来自大约四公里外的一个邻村。我饶有兴趣地得知他是通过媒人认识他妻子的。在以前的中国，甚至是在今天，许多夫妻仍然是通过家庭关系安排的，但民间也存在着一个正式的媒人系统——专门从事这一行的"专业人士"，他们的工作便是将合适的男女撮合为夫妇。

仇老先生10岁的时候，村子里并不富裕，但居民们能够吃饱肚子，也能穿得体面。他接受过中学教育，承认自己读书时只是一个成绩很普通的学生，但他是"一个学生组织的带头人"。有趣的是，在游历中国各地的过程中，我记不起有多少回听到过这样的故事，都是从仇老先生那一代人那里听到的，而且这些人在成年后也都取得了一定的成就。他离开学校后的第一份工作是参加政府组织的工作队，日子并不好过，工资是每天五毛钱，按照现代西方的标准相当于大约五便士，或六七美分。

对于仇老先生来说，童年最深刻的记忆莫过于朱德来到外桐坞村。朱德是伟大的军事领袖，在新民主主义革命时期，他先后担任过中国工农红军总司令、八路军总司令、中国人民解放军总司令。朱德在1954—1966年间曾先后四次访问这个村庄。仇老先生形容朱德是"一个坦率、诚实的人"，并十分自豪地告诉我，他的父亲当时担任村长，曾和朱德握过手。外桐坞现在建有一座朱德纪念馆。

我问仇老先生，他童年时的交通基础设施怎么样，他自己有没有去过杭州主城区。他告诉我说虽然路况不好，但他偶尔还是会去。最初，他们只能乘坐一种不太正规的班车，但到了20世纪70年代，城乡间开始有了公共汽车。他第一次去杭州城区是在10岁的时候，那是学校组织的一次活动，其中包括

外桐坞村原村委会主任仇维胜（右）（肖艳艳 摄）

参观杭州动物园。那是一件非常难忘的事，他看到了老虎！按照当时的标准，一个乡下男孩进城逛动物园是一件非常难得的事。

2003年起，外桐坞的情况开始有了大幅改善。它被指定为浙江"千村示范、万村整治"工程中的"千村"之一。2005年，一条高标准的绕城高速公路建成，穿村而过；2007年，一批艺术教授受邀前来考察，以筹备创建一个艺术社区。14年前，该村开始认真打造"外桐坞"品牌，力图将其打造成一个以艺术和茶为特色的社区。相关部门制订了一项为期三年的村庄整治计划，项目由市、区、村三级政府出资7000万元提供财政支持，并由当地党支部指定的一个特别小组负责管理。这是中国的党和政府机构协调开展工作的一个很好的例子。地方委员会和理事会除了提供日常服务，还负责明确发展途径，此外也负责管理一些具体的事务，比如征求当地居民的意见。与此同时，党通过其多层级的结构能够汇聚起广泛人才和知识资源，有能力针对一些特殊项目组建起专家团队。当时村里大多数建筑的状态原本也算良好，因此该项目的重点在于进一步提供现代公用设施，包括燃气、电力和水，建造符合标准的道路以及街道照明和休闲区等设施。2013年外桐坞被认定为3A级风景名胜区，现在它的评级达到了4A级。2017年，该村获得了农业部颁发的"十佳宜居村"奖。次年，仇老先生还前往湖南领奖。

仇老先生对自己在任期间取得的成就当然有资本感到自豪——从2002年到2018年的16年间，这个村庄无论是在外观风貌还是财富积累方面都发生了极大变化。让他感到遗憾的是，不是每个人都对他的工作感到满意，不过这似乎也仅是一个很细微的缺憾。一个人不可能做到让所有人都满意，尤其是像他那样做了那么多的事，在向前走的过程中，必然会有不能顾全之处。该村未来的计划很明晰——扩大茶叶种植并进一步拓展艺术活动、利用朱德纪念馆这一元素将该村发展成为红色文化中心、确保老人和儿童得到妥善照顾、完善村庄的软件设施，以及妥善实施中央政府和各级地方政府的发展计划。

我们有必要多花一点时间来研究一下外桐坞作为艺术中心的崛起过程。更恰当的说法应该是"重新崛起"。这个村庄的传统经济活动是种茶。它坐落在杭州西湖西南约八公里处的群山之中，特产是西湖龙井绿茶，这是中国最著名的茶品种之一。外桐坞环境优美洁净，气候凉爽湿润，加之龙井茶的高品质和毗邻杭州的优越地理位置，使其早在唐代便已成为诗人和艺术家的天堂，他们经常来到此地游山玩水，纵情享受其平静与安宁。李白是唐代最著名的诗人，也是中国历代最受尊敬的诗人之一，他就曾来此游历，并写了一首诗称赞其优美的自然风光。

2007年，作为"千村"之一的外桐坞正在寻找新的发展机遇。一天，当时还在担任村长的仇维胜先生和党支部书记秀龙在村里散步。在一座茶园里，他们遇到了一位来自中国美术学院的教师正在和学生们一起上素描课。他们和这位教师攀谈起来，他称赞这个村庄和周围的山丘是一个绝佳的教学和绘画场所。但是村子距离城市稍远，交通又不便，这对游客来说是个障碍。他提到一个想法，说如果他能在村里设一个工作室，那将会是一个非常理想的工作场所。

三人去了一家茶叶加工坊，那位教师当即决定将其租下来作为自己的工作室。他很快就对其进行了改头换面式的改造，其中保留了一些这座传统建筑的原始元素，但又融入了许多新的创意，包括重新利用一批旧木板，对其进行打磨抛光，使其焕发出新的光泽。

农民艺术家阿牛把画送给了我（肖艳艳 摄）

自此之后，艺术家开始源源不断地来到外桐坞，为这个村庄注入了新的活力。现在，外桐坞工作和生活着大约 200 名艺术家。他们的工作室又催生出大量的相关商业设施，包括画廊、茶室、咖啡馆和精品酒店，其他文化产业，如设计公司也很快接踵而至，让这个村庄逐渐成为艺术家和艺术爱好者的一座灯塔。

2014 年，外桐坞为当地村民举办了一个培训班。事实证明，这一活动非常受欢迎，先后有 200 多人报名参加，学员不仅有外桐坞本村人，也有附近其他村庄的村民。当时 40 多岁的厉萍便是村民中的一员，她从来没有想过，自己那只会做农活的手也能拿起画笔。她学习起来异常勤奋，并很快显示出非凡的天赋。另外，每当她遇到熟悉的艺术家，便会和其攀谈，看看自己能学到哪些新的技能。现在，厉萍已经是一位受人尊敬的花卉和植物绘画从业者，她尤其擅长画牡丹，外桐坞美术馆展出的许多绘画作品都出自她之手。她还经常把自己的画作免费送给村民。

我又被介绍认识了傅建华，他又叫阿牛，是村里另一张比较有名的面孔，但他从来都认为自己只是一个普通的农民。2012年，他把自己的房子租给了知名艺术家闵庚灿。起初，闵庚灿只是让阿牛帮他做一些简单的事情，比如把他的画带到城里去装裱。这是一件比较耗时的事。有一天，闵庚灿问阿牛是否愿意学习装裱技艺，他甚至从西泠印社给阿牛找了一个师傅。阿牛现在已经是一名熟练的装裱师，随着外桐坞艺术家人数的增多，他们对这项服务的需求也在不断增加。现在，这份装裱工作每年能给阿牛带来可观的收入，但他对自己的成就非常谦虚，认为自己主要还是一名茶农。但是，他这两份工作是相辅相成的，其他茶农也能够从中受益。阿牛甚至自己动手作画，并显示出相当的技艺水平。他十分热情地把他的一幅画作送给了我，这幅画当然是他自己装裱起来的，现在被我挂在了家中客厅墙上最显眼的位置。

多年来，外桐坞村民和艺术家之间的关系慢慢发生了变化。他们不再是简单的房东和房客的关系，而更像是生活在一起的邻居、朋友甚至是家人。他们在很大程度上是属于同一个社区的成员，日常打着交道，并且经常相互交流。

我心情颇为愉悦地在村子里逛了一两个小时，欣赏着景色宜人的街道和别具匠心的翻新建筑，并在朱德纪念堂前停下了脚步。我被介绍认识了一位常驻外桐坞的艺术家宋依农，巧合的是，他是杨方璘未来的公公，而杨方璘又是我随行口译及笔译员杨方璇的双胞胎姐姐。宋依农在外桐坞有自己的工作室和画廊，他热情地邀我前去参观，欣赏他的作品，并请我和他一同饮茶。有趣的是，我的编辑祝晓涵和译员杨方璇碰巧也都是浙江人——晓涵来自衢州，而方璇来自杭州。除了份内工作之外，他们还成为了我和宋先生之间的联络人。

外桐坞的画廊和展览中心也非常值得一游。在村里负责宣传工作的李强带我四处参观了一下，宋依农也陪同我们参观，我们还遇到了吴浩然，他也

和画展的艺术家们在一起（肖艳艳 摄）

是村里的一位艺术家，其作品即将参加村里举办的展览，此外我们还遇到了展览的组织者方也。外桐坞画廊和展览中心是一座颇具内涵的建筑，与该村作为艺术中心的地位颇为相称。它由一个仇姓家族的旧祠堂改建而成，总占地面积约为 2700 平方米，其中建筑面积为 1000 平方米，室外面积为 2000 平方米。它是一座多功能建筑，集礼堂、演讲厅、画廊（尤以展出书法和绘画作品为主）、展览中心，以及体育和娱乐场所于一体。村委会鼓励村民们在淡季时多来这里，或者在热心艺术家的指导下练习艺术技巧，哪怕只是喝喝茶聊聊天。

在我参观那天，展览中心正在筹备的活动是一个来自世界各地的体育漫画展。它定于次日开展，所以我正好有机会先睹为快。在我访问杭州之前和期间，该城正在举办亚运会和亚残运会，这个展览便是与之有关的庆祝活动的一部分。它展出了来自中国、法国、德国、波兰、伊朗和韩国等 15 个国家的著名漫画家的 100 多幅作品。参加展出的艺术家包括来自乌克兰的弗拉基米尔·卡赞涅夫斯基和法国插画家安德烈·多姆，两人都在该领域享有国际声誉，其中安德烈·多姆已年逾九旬。

外桐坞已经成为农业和艺术融合的一个典范。它现在有两大经济支柱，即传统的茶叶种植和新兴的文化艺术中心。它已经完成了从传统农村到现代村庄的转变，并正在将其传统转化为宝贵的文化遗产。这里的居民在物质和精神两个方面都受益匪浅。2007 年，外桐坞的集体收入不足 100 万元。到 2023 年，该村的集体收入增加到了 730 万元。居民人均可支配收入也增长了七倍多，从不足 1 万元增加到 7.1 万元。

今天，外桐坞每年接待游客超过 20 万人次，文化和创意产业是其未来经济发展的主要力量。事实上，这是我第一次在杭州城区以外的地方感受和体验浙江，它在许多层面上给我留下了深刻的印象。外桐坞的成就将被证明是一个开端和引子，昭示未来的浙江将会取得一系列更加令人瞩目的成就。

数字游民
的静修之所

"数字游民"是一个相对较新的概念。数字游民通常是年轻人,从事着新媒体等领域的工作,不需要固定的居住地或工作场所。他们过着四处漂泊的生活,一边旅行一边工作,逗留于不同的社区,结识新的朋友,分享彼此的想法和观点,并从中汲取灵感。

这样一种工作和生活方式对那些热衷于旅行的理想主义年轻人可能有很大的吸引力。如果在我年轻的时候存在着这样一种概念,我肯定会被吸引。但是西方的互联网是一个名副其实的由失败的数字游民组成的迷宫,他们在绝望中述说着自己的故事,并以自身为鉴告诫着后来者,提醒其可能遭遇的厄运。这一切的背后有一个关于 WeWork 的令人不安的故事。

WeWork 是一家独角兽企业,围绕着一个关于办公室生活的全新概念构建其商业模式——为互联网时代的人们提供一种全新的工作生活方式。这家企业于 2010 年白手起家,到 2019 年估值达到 470 亿美元的峰值,此后又回

青来集，数字游民的静修之所

归为零。在极短的时间内经历了剧烈的起伏。

  WeWork 的经营方式是在世界各地一些最昂贵、最受欢迎的城市租赁大量的办公空间，将其分拆成许多小单元的办公区域，然后以短期租赁的形式出租给数字游民和其他不需要长期租赁办公空间的个人或机构。不幸的是，WeWork 的商业模式是建立在对两种供需的预期之上的，即有大量的低成本房源和大量付得起高房租的租客。然而，其所处的商业环境恰恰相反。日积月累，这家企业发现自己背负着一大堆无人问津的昂贵办公空间，并最终变成了堆积如山的债务。

  WeWork 运气也有些不好，因为就在该公司的业绩蒸蒸日上、即将走上巅峰之时，新冠肺炎疫情突然暴发了。疫情期间，许多员工被禁止前往办公室工作，然后他们发现自己实际上根本不想去办公室，接着许多企业发现自己其实根本不需要办公室。这是一场"完美"的风暴。WeWork 的命运无疑

现代时尚的大余村青年人才社区"青来集"园区

为那些想要以为数字游民提供办公空间作为创业契机的人提供了警示……

看过西方数字游民分享的失败经历及其悲惨故事，人们会对他们的一些共同特征感到震惊：

他们似乎没有什么资历；

他们似乎没有什么能够满足市场需求的技能；

他们似乎没有什么经验；

他们的客户似乎很少；

他们似乎没事可做；

他们似乎没有什么周密的计划；

他们似乎没有多少钱；

他们似乎毫无头绪。

幸运的是，当我到达安吉县余村青来集园区时，我还不了解这些，否则我就会担心这里的数字游民是否也前途渺茫。因为青来集所要做的正是为数字游民提供工作和生活的空间。

青来集园区是大余村青年人才社区的核心启动区，位于杭州西北约50公里处，占地面积80亩，内有建筑26栋，是集综合服务、企业办公、商业配套等功能于一体的乡村创业孵化器，主要面向总部经济、成长型数创公司、优秀创业团队、数字游民等。

青来集2023年6月底才开始运营，比我访问当地的时间早了三个多月。它里面有一个青年交流服务中心，提供企业服务、人才服务、物业服务、社群服务、生活服务五大专项服务，集合接待展示、路演会议、社群活动、共享办公、休闲生活五大功能空间，对入驻企业实施项目专员一对一跟进服务，对入驻人才实施"食住行游购娱"全方面保障，对来访游客嘉宾实施"一站式"接待咨询。

青来集里面有一个全国最大的数字游民社区，你可以永久居住在这里，也可以只是短暂居住，但最低的起租时间是七天。临时租客有很多种选择，从每周150元的四人间到配备了独立厨卫设施、每月1200元的私人公寓不等。

青来集坐落在浙江典型的绿水青山之中，位置十分优越，各种设施也令人叹为观止。园区的中央是一片广阔的绿地，四周错落有致地分布着公寓楼和其他公共服务设施，包括一个社区中心和一个交流中心，社区中心是公共活动中心，主要用作组织和宣传各种定期的社区活动，交流中心主要用于交流职业机会和商业机会、提供商业互助和面向个人问题的咨询服务。这里有食堂、餐馆和商店，也有通勤巴士和共享交通工具。公寓楼除了客房，还提供厨房、休闲空间、创意小组工作空间，以及一系列的工作设施，包括开放式办公室和独立的私人空间。所有的设施和空间都异常干净、开阔、明亮。这里的环境使我想起了现代化的大学校园。

数字游民管理团队的一位成员带着我四处参观了一下，他让我称呼他"KC"。"KC"来自北京，曾在三里屯工作，他的祖辈来自云南，因为参加供水系统的建设而移居北京。他特地告诉我说，他们的核心目标是"建立一个社区",并强调说社区内有两条核心规则:(1)遵守法律;(2)尊重其他社区成员。

之后我还乘坐通勤巴士游览了园区的其他区域。我参观了青年图书馆并对其做了较为细致的观察。这是一个颇有看点的设施,由一个20世纪80年代的旧水泥厂及其住宿区改造而成。图书馆占地面积1360平方米,藏书9000册。它完全由太阳能供电,并且完全是碳中和的。事实上,它是中国第一座获得铂金级碳中和认证的农村建筑。

图书馆内部有一家动画片主题的咖啡馆,由一位名叫陈喆的"归乡人"主理。陈喆是安吉本地人,曾在上海工作,但在2022年返回了家乡。他原打算只在家待一两天,但由于某些原因一直待了三个月。在此期间,当地政府邀请了包括陈喆在内的60多名年轻人,共同为该村的发展构想新的商业模式。陈喆提出了开设这样一家咖啡馆的想法,然后他们找到上海动画电影制片厂,联合制作了一批源自该厂经典动画人物的模型,比如美猴王孙悟空,以及我儿子蹒跚学步时看的中国动画片《黑猫警长》(这也是我自己最喜欢的动画角色之一)。在中国,如果你想把一个20岁以上的人吓个半死,只要对他们说"黑猫警长和螳螂的故事",然后看看他们脸上的表情就知道了。此外,这部动画片也有着超棒的主题曲,在年轻人中十分受欢迎。

游览结束时,我们在一家新开的酒吧和咖啡馆短暂停留。它是由一个旧的乡村垃圾收集站改造而成,其改造方式给我留下了深刻的印象。我注意到,在它销售的酒类商品中有一系列品质相当高的苏格兰麦芽威士忌,这种威士忌即使在苏格兰最好的酒吧都称得上精品。不巧的是,当时才早上10点左右,饮酒有点太早了,但我向身为安吉本地人的店主黄先生保证,将来我还会旧地重游,到时一定会来品尝他的美酒。

青来集至今住过有大约800名居民,其近期目标是将这一数字增加到1200人,目标人群主要是想要走出城市的杭州年轻人。一些大学已经开始以青来集为长期活动基地来举办校外活动。一些来自较大型企业的业务团队也纷纷入驻园区,这将为青来集提供坚实的经济支持和长期的就业机会。我在青来集的访问时间并不长，但园区的规划给我留下了深刻印象。总体而言，整个建筑群规划良好，设计合理，建造精良。结果所呈现的便是一个系统化、结构化和专业化的社区。

再回到我在开篇部分讲述的西方数字游民的故事。不得不说，其结局让人为之扼腕叹息。多么鲜明的对比啊。从本质上讲，西方数字游民并不是真正的数字游民，他们只是一群认为自己可以在一个充满异国情调的地方享受永久假期的海滩流浪者。他们总是在那些供过于求、只有千分之一的从业者才能赚到钱的领域工作——自由撰稿人、自由摄影师、旅游博主。人工智能和 Chat GPT 将为这些人职业生涯的"棺材"钉上最后一颗钉子。他们总是聚集在成千上万其他西方海滩游民也趋之若鹜的地方，比如泰国的普吉岛和印度尼西亚的巴厘岛，在这些过度拥挤的地方，他们所遇到的也永远只是成群结队和他们一模一样的人。这一切听起来相当悲伤，甚至令人感到不适。我想给他们提一个建议：下次不要去巴厘岛或普吉岛。找份正经的工作，改去青来集吧。

我敢肯定，青来集不会遭遇 WeWork 那样的命运。主要原因是，它是由

乡村垃圾收集站如今已是美丽的咖啡馆（肖艳艳 摄）

那些清楚自己在做什么的人创立和管理的。我曾计划在 11 月回到那里，完成与本书有关的一些工作。也就是说，一个谈论数字游民的作家本人也去体验一下数字游民的生活。我原本希望能认识社区的一些成员并和他们聊聊，听听他们的故事，了解一下是什么让他们选择这样一种生活方式。遗憾的是我未能如愿，因为那里已经住满了。

没关系。我可以在今后某个时候再去试试看。我应该可以把彼时的体验和发现写成一篇有趣的文章，并把它作为我自己数字游民生涯的起点……

余东：
农民画家之村

余东是一个只有800人左右的小村庄，位于衢州城的近郊。它是沟溪乡的16个行政村之一。余东的大部分村民都是农民，但这只是这个迷人村庄故事的一部分。故事的另一部分是，在全村800多位村民中，有300多人参与农民画创作，其中大约30人达到了比较高的水平。余东的故事以极为生动的方式向世人展示了这样一个事实，即当你尝试走一条真正与众不同的道路时，你可以在多大限度上发掘出自身的才华，并取得怎样的成就。

这个故事可以追溯到20世纪60年代末，当时余东还是一个与当地其他村庄没什么不同的普通农村。但它距离衢州城很近，而且有多位技艺高超的工匠。某一天，一位年轻的农民看到一架飞机在晴朗的蓝天上留下一条白色的轨迹，他灵光一闪，拿起画笔把这个画面画了下来。后来，村里6位农民响应政府"文化下乡"活动，参加了毛翔先、刘津朱两位美术家的绘画培训，余东村自此与绘画结下不解之缘。

余东村（许军 摄）

　　当地的艺术氛围逐渐浓厚起来，画家的人数也不断增加，直到它成为这个村庄的名片。随着时间的推移，余东的艺术家们逐渐发展出属于自己的原创绘画流派，它是一种以质朴的主题和鲜艳的色彩为特色、有着鲜明风格的民间艺术，它让我想起在甘肃游历时看到的木版年画，以及在江苏无锡看到的颜色鲜艳的泥塑娃娃。村里许多建筑的山墙末端和临街墙壁上都描绘着壁画和其他形式的绘画，街道上到处都是雕塑及其他类型的室外艺术作品，漫步在村里，你会发现每一个角落都被余东的艺术家们用色彩装饰了起来。

　　对于余东村民来说，绘画不仅仅是一种兴趣爱好；对于那些才华出众的艺术家来说，它也是一门可以赖以谋生的营生，这些作品每年可以为他们带来高达10万元的收入。现在，余东村的文化活动已经从绘画扩展到其他艺术形式，村里之前的50多座废弃的旧房屋也被改造一新，被创业者租下来开起了咖啡馆、画廊和电子商务中心。该村还修建了一座非常气派的永久性画廊和展览中心，可用于举办各种各样的休闲和文化活动。在我访问期间，它正在举办一个与体育有关的摄影展。

2023年夏天，在亚运会100天倒计时开始之前，杭州亚运会博物馆举办了一场以"浙里石榴红 共绘亚运梦"为主题的长卷作品画展。在为亚运献礼的14幅画作中，有一幅《余东画村迎亚运》即是由余东农民画家绘制，其内容表达了余东村对即将到来的亚运会的期待。

我和几位老画师聊了聊。其中一位是71岁的余春良先生，他的女儿余云梅也是一位颇有造诣的画家，他的孙女正在大学学习设计，也有着不错的绘画水平，祖孙三人分别代表着余东村的三代艺术家。余先生是村民中最早开始画画的人之一，他在十几岁的时候就发现自己有这方面的天赋。他向我回忆起早年间生活条件艰苦的日子，并将其与今天村里如火如荼的创意文化经济进行了对比。过去那些可能只会围坐在桌子旁玩麻将的人，现在都架起了画架和画布，甚至那些自己不画画的人也会尊重从事这项活动的人，没有人认为这是浪费时间。余先生本人曾去过台湾，并接待过来自德国、法国和沙特阿拉伯的艺术家。

2021年，农民画及相关产业收入约3000万元，带动余东村人均增收5000余元，村民人均收入达到4.03万元。"通过一幅农民画，真正实现了'有人来、有活干、有钱赚'。"一位来自余东村党支部的干部如是说道。

今天，有许多外乡人纷纷迁往余东村，来此工作或创办企业，其中有许多曾外出工作又返乡创业的例子，比如"妈妈饼"的创始人肖美仙。她于2014年回到余东村，开起了饼店"妈妈饼"，后来建成余东村第一批农家乐。2021年4月，随着余东未来乡村建设的推进，村里的游客变得越来越多。肖美仙抓住机会，新租了一间由猪圈改造成的厨房，将店面翻新一番。肖美仙在砖石墙上贴上了"天上掉下一个'妈妈饼'""此饼只应天上有，人间难得几回吃""猪圈变厨房，老屋变店铺"等诙谐有趣的标语，再加上顾客被"妈妈饼"的美味所打动，纷纷发朋友圈点赞，越来越多的人慕名而来。如今，"妈妈饼"已经成为余东村除了画画之外的又一名片。我采访的一位余东村民返回家乡后在余东开了一家咖啡店和一家陶艺馆，她与四家当地的陶艺作坊合

和农民画家们交谈（徐正天 摄）

作，专门销售他们的作品，而且她的目标顾客不仅是来余东旅游的游客，还有线上直播的观众。随着余东村品牌的壮大，她的产品线也在不断扩大。我参观了一家电子商务商店，里面展示着各种各样的余东主题的商品——绘画、印花丝绸、饰品、陶瓷、陶器、编织品、绳制品、服装以及帽子、围巾和包包等配饰，除此之外还有水果（余东村的传统水果作物是柑橘）、蜂蜜和葡萄酒等当地农产品。

余东村还与浙江万事利集团、中国美院合作开发农民画工艺品、纺织品、纪念品等90余种文创衍生品，与华为技术有限公司合作开发农民画手机端产品；建设南孔文创、画俚民宿、写生民宿、"悦隐·露营"、农耕文化园、研学基地等一批文旅融合项目。该村未来的计划包括围绕该村的标志——一条十分可爱的鱼来强化余东品牌，包括打造知识产权、培养新的人才，以及扩大余东产品范围并进一步将其商业化。这将通过各级密切合作来实现。

泉井垄：
七彩畲乡

    余东之行结束后的那个早晨阳光明媚。我折返向东，沿着通往金华市的方向，朝龙游县继续前进。龙游县隶属于衢州市，以神秘的龙游石窟而闻名。该石窟位于龙游县小南海镇石岩背村，是一个成型已久的巨型地下建筑群，由 24 个开凿在砂岩中的人造地下石室组成。1992 年，当地农民为了开发旅游和寻宝而抽干了当地一个石质水潭中的积水，然后发现了其中的一个石室。它们的神秘之处在于没有被记录在任何历史文献中，因此没有人知道是谁创造了它们，也没有人知道它们有什么用途。这是非常令人惊讶的，因为这些石室都是非常巨大的结构，单个石室的面积从 1000 至 3000 平方米不等，总占地面积为 0.38 平方公里。有些石室的内部高度达到了 30 米。洞窟内分布着数根巨大的石柱，与洞顶浑然一体。石柱和洞壁上雕刻有平行条纹。

    然而，因路途有些遥远，我的石窟之旅未能成行，不得不留待来日。我此次的目的地是龙游县西南郊区的泉井垄村。泉井垄是浦山行政村的一个子

七彩畲乡泉井垄

村,而浦山本身也是一个仅有约 1200 人的小村庄。泉井垄村有大约 70 户人家和 100 名居民,是畲族少数民族自然村,畲族约占其总人口的 95%。泉井垄是"千村示范、万村整治"工程中的一千个示范村之一,是一个令人叹为观止的地方。一栋栋七彩斑斓的民居掩映在绿荫之中,宛如童话世界。

畲族也被称为"凤凰族"。他们认为本民族的发源地和传说祖籍是广东潮州的凤凰山。目前,中国各地有 70 多万畲族人,集中居住在浙江边境地区、福建省和江西省,还有一部分留在了广东省。他们是福建人口最多的少数民族。20 世纪 30 年代,位于山区的畲族聚居地成为当地革命根据地的中心,他们为抗日战争以及之后解放战争做出了重大贡献。

泉井垄村坐落在一个小山丘上,有一个令人印象深刻的中国传统拱门远远矗立着,它就是村子的入口。畲族文化以歌、舞和鲜艳的色彩为标志性元素,

畲族姑娘载歌载舞

正是本族鲜明的文化特色赋予了泉井垄村以独特的地位。2018年，浦山村干部决定利用畲族文化元素，将泉井垄打造成一个"七彩畲乡"。此举意在振兴村庄，发展当地经济，从而吸引本地年轻人返乡或外地人来此创业。这个提议被村民们付诸表决，并获得通过。

对于这样一个小型的乡村社区来说，这是一个相当宏大的项目，涉及到重新美化整个村庄，还要翻新所有的建筑并对其进行装饰。首先要做的就是关停大型生猪养殖场、拆除房屋周围的栅栏、围墙以及其他障碍物，形成一种开放式的布局。这一提议受到一些村民的质疑，但村干部和党员一次次上门做思想工作，用心记下了村民的意见，并带头拆了自家的围墙，很快，其他村民也跟进了。

于是，"七彩畲乡"就此诞生——美化村容村貌、改善基础设施，并以"童

像凤凰一样的村庄

话世界、亲子乐园"主题建设游览设施和亲子民宿等。

我现在看到的泉井垄村的中心是一个开放的空间,里面树立着一个巨大的凤凰形状的儿童攀爬架。旁边有一家电子商务商店,里面销售各种地方特产,包括一种当地特有的鸡、鸭头和鸭掌以及各种蘑菇产品等。村里的道路都重新铺设了路面,并涂上了引导游客的指引线。电缆全部埋在了地下以避免破坏景观。村子里的每一寸土地都经过清洁、美化,并且都有了新的用途。这里没有大面积的农田,但整个村庄就是由一块块错落有致的绿地拼合而成的农庄,种植着青草、草药、花卉、蔬菜,甚至还有一棵棵的果树。每栋建筑物都被涂上了最鲜艳的颜色。这些都是村里民主决策的结果。为了美化农房外立面,龙游县邀请杭州美术学院的艺术家来帮助设计,绘制工作则是村民们自己动手完成的。其成果是一幅幅色彩斑斓的墙绘,像我们在儿童读物

畲族村民喜迎客

中看到的一样。周围的村庄纷纷投来艳羡的目光。

原本占地20多亩、拥有存栏生猪3万多头的养殖场，现在也变成一座玻璃装饰颇具现代艺术感的房子，是村里的"民主小屋"。在这里，村民们对村庄的建设畅所欲言、各抒己见。什么是"全过程人民民主"？村民集体参与，一起为村庄建设献计献策，这就是"全过程人民民主"的生动体现。

大多数处于工作年龄的村民现在都在家乡工作。有些人从事建筑工作（附近的其他村庄正在进行翻新工作，有很多工程），有些人在当地的一家面条厂工作，还有人从事传统的农事活动。来此游玩的游客除了欣赏周围的景色外，还可以自己采摘水果和蔬菜，并欣赏村民的民俗表演。泉井垄村的改造使全村的集体收入大幅增加，从2018年的10多万元增加到2022年的110万元左右。

我和一位名叫赖莲凤的村民聊了聊，她三年前在村里开了一家餐馆，生意相当不错。赖女士的父母都是当地人，她之前曾去外面工作，后来看到村里发生的变化，决定抓住机会回来开创自己的事业。

这家餐馆以前是一个家庭住宅。赖女士在原有基础上又扩建了一部分，把它改成了一家餐厅。整个项目共耗资 30 万至 40 万元，全部由赖女士和家人自筹。在旅游旺季，村里最多每日可以接待 400 多名游客，周末和节假日是赖女士最忙的时候，她的店现在每年可以售出两三千份套餐。赖女士对目前的状况感到非常满意，对未来也充满了期待。

团石村：
团结一心 点石成金

离开泉井垄村后，根据我的路线图，我的下一站是团石村。这个村庄由龙游县城以北衢江岸边的两个村子组成，人口1800多人，其历史最早可以追溯到1300年前的唐朝。

当地党支部书记汪春茂热情接待了我。汪书记今年50多岁，是团石村本地人。大学毕业后，他先是在外打拼了几年。后来，随着龙游的发展蒸蒸日上，他决定回到家乡寻找机会。之后，他和他的叔叔合作，成为包括慕思在内的多个寝具制造商的代理商。他于2020年当选团石村党支部书记。

团石村的振兴项目始于2019年，是更广泛的衢州发展计划的一部分。其最重要的开发项目之一是利用该村的有利位置，在河岸附近修建一个水边探险和休闲中心。

项目的第一阶段包括清理村中的基础设施，主要是拆除各种违章建筑，包括违建的围墙、房屋等。第二阶段主要是修建适于进行各种水上运动和休

团石村

闲娱乐活动的基础设施。一家水上运动俱乐部落户村中，其提供的运动项目包括漂流、皮划艇、快艇、帆板、滑水、越野自行车和射箭。水上运动季节可以从5月份持续到10月份，但朱家尖岛上的夏令营基地在冬季也可以使用，有一些企业会来这里进行团队建设活动。

凭借新的经济活动带来的额外收入，团石村成立了一个以新乡贤为主，致力于提供新型服务的团石村乡贤会，其中尤以老年人为主要服务对象。每年9月9日的重阳节，乡贤会都会举办夕阳红活动，平时也会给老人发红包、帮老人理发；此外，村里还开办了一家乡村食堂，村中14名90岁以上老年人可以免费就餐，另外82名80岁以上的老人就餐也只需支付两元钱。

正如我之前指出的，这些事情看起来可能微不足道，但在一个小型村庄

水上运动

中它们非常重要，可以显著提高受助者的生活质量。除了服务老年人，乡贤会还组织起面向农村和城市儿童的夏令营。作为其乡村振兴项目的一部分，乡贤会还成立了一个农业合作社，作为水上运动的配套项目来运营，通过该项目，当地农民也多了一个渠道来销售农产品。此外，他们还开办了一个销售草莓的"自助采摘"农场。2023 年，团石村每天接待多达 1000 名游客。

团石村是一个很好的乡村振兴的例子，让我们看到一个小型村庄如何利用当地的优势和特点来发展经济。现在，该村已经成为当地的一个发展典范。在我结束访问时，我被热情的东道主邀请在当地一家农家餐厅共进午餐。在我的写作之旅中，我参加过许多这样的午餐会，我可以确定无疑地说，这类宴会无一例外都是我考察研究中最令人愉悦的体验之一。所提供的食物从未

团石村啤酒节

让我失望过——以新鲜的当地农产品为原材料，并由拥有丰富烹饪经验的厨师烹制美味的当地菜肴，席间的氛围也总是简单、朴素、友好、热情，总给我一种宾至如归的美好感觉。

结语

这部关于浙江的作品其实只涵盖了这个面积 10 多万平方公里、人口超过 6000 万的省份的一小部分。我只走过了浙江的一部分，还有一些城市没有进入到我的行程之中。不过，在我走访过的城市、到过的群山、驻足过的海岸，我尽可能地去探索、寻找和体验。我去了浙江的几座大城市和一批小村庄，考察了规模最大的几家公司，也拜访了一批只能被称为微型企业的个体创业者。我认为，我所能描绘的画面虽然远非全貌，但也具有一定的代表性。

在调研工作结束时，我对调研结果进行了总结，并问了自己一个问题：我眼中所见的一切与 20 年前为确保浙江的发展和繁荣而制定的"八八战略"的目标是否一致呢？为了得出结论，我重新审视了该战略的每一个目标。

目标一：
进一步发挥浙江的体制机制优势，大力推动以公有制为主体的多种所有制经济共同发展，不断完善社会主义市场经济体制。

浙江的一大优势是该省的民营企业拥有雄厚的实力。我参观了吉利和阿里巴巴两家公司，这是两家入选《财富》500 强的民营企业，它们不仅是浙江省最大的企业，在中国乃至全球它们都名列前茅。另一方面，我也访问了一些小型的创新企业，甚至是安东村金立申的果蔬专业合作社。在义乌市场，我看到了成千上万的个体企业主的影响力，他们的力量汇聚在一起，创造出世界上最大的市场。而所有这一切又是以综合性的基础设施和物流体系为基础，在这个体系中，各部分密切协调，通过一张覆盖全球的网络快速高效地运送人员、产品和信息，而这种能力正是确保经济繁荣的核心前提。

目标二：
进一步发挥浙江的区位优势，主动接轨上海、积极参与长江三角洲地区合作与交流，不断提高对内对外开放水平。

浙江在发挥其区位优势和克服其区位劣势方面都做得非常出色。浙江有自己的主要河流和入海口，杭州、宁波和舟山都可以享受它们提供的便利，此外浙江还地处长江三角洲。这里有着漫长的海岸线，同时也拥有广大的山区，但该省已将这一原本的薄弱之处转变为发展的优势。我在前湾新区和宁波舟山港看到了宏观层面的效果，在余村和莫干山则看到了微观层面的效果，后两者规模虽然较小但效果类似。义乌是中国对外开放的一个缩影，但在衢州，我又看了浙江国际化的另一个侧面，它同样重要：衢州与美国的雷德温市早就结为友好城市，其关系历久弥新、积极向上，且极具建设性。

目标三：
进一步发挥浙江的块状特色产业优势，加快先进制造业基地建设，走新型工业化道路。

20世纪80年代初，改革开放后不久，中国成为廉价商品的供应国，从那时起，中国一步步发展成为"世界工厂"。2012年，我受邀撰写了一本关于广东在实施中国新制造战略（即从"中国制造"转向"中国创造"的战略）过程中所做的开创性工作的书[1]。中国现在是全球唯一的制造业超级大国，几乎在每一个重要的经济领域都拥有完整的产业链，生产了全世界三分之一的制成品，并且在多个最重要的未来产业中居于全球领先地位。吉利集团是一个很好的中国企业发展成长的例子，它创业于中国经济腾飞的早期，时至今日早已成为所处行业的佼佼者。面向未来，前湾新区的产业集群展现了一幅十分清晰的图景。

---

[1] ［英］大卫·弗格森：《从"广东制造"到"广东创造"》，外文出版社2012年版。

目标四：
进一步发挥浙江的城乡协调发展优势，加快推进城乡一体化。

中国扶贫战略的一个核心内容是缩小城乡之间的经济和公共服务差距，以确保农村居民能够享受与城市居民同等的生活水平和公共服务水平。在我的写作之旅中，我在包括外桐坞、余村和莫干山在内的许许多多的地方看到无数个发展的例子，这些地方在推进这一进程中做出了实实在在的努力，另一方面，像阿里巴巴这样有影响力的企业的积极支持也为这一进程取得成功做出了贡献。

目标五：
进一步发挥浙江的生态优势，创建生态省，打造"绿色浙江"。

我还记得，刚开始在中国从事翻译润色工作时，我曾遇到过"科学发展观"这一表达。作为一个新手，我不知道这是什么意思，我甚至认为这是一个误译。但我很快就开始明白这个词语的重要性。2015年，我写了一本关于北京整治市容和绿化环境的书[1]，这让我对中国在改善环境方面所做的努力有了较多、较深入的了解。近十年后，环境工作已经成为中国整体发展事业的一个关键点。在天台山、外桐坞、莫干山、余村和大陈岛等地，我看到了许多个如何利用发展成果来恢复和保护浙江环境的例子。

目标六：
进一步发挥浙江的山海资源优势，大力发展海洋经济，推动欠发达地区跨越式发展，努力使海洋经济和欠发达地区的发展成为浙江经济新的增长点。

海洋资源可以有多种多样的形式，深水港、渔业和旅游业只是其中最典

---

[1] [英]大卫·弗格森：《生态北京：绿韵新城》，外文出版社2015年版。

型的三种。浙江的大部分地块由山脉组成，但它也拥有数千公里的海岸线和数千个岛屿。目前该省正在尽一切努力开发其在山海方面的资源，以期利用资源优势来实现和维持经济社会的繁荣：舟山港域的重大开发项目、大陈镇的岛屿社区，以及全省各地的村庄，如余村、莫干山、天台、余东、泉井垄和团石等村庄，无一不在利用自身资源优势来实现跨越式发展。

目标七：
进一步发挥浙江的环境优势，积极推进以"五大百亿"工程为主要内容的重点建设，切实加强法治建设、信用建设和机关效能建设。

"五大百亿"工程涵盖基础设施建设、信息化建设、科教文卫体建设、生态环境建设、帮扶致富建设等领域。我曾就其中一些领域写了大量文章，尤其是基础设施、环境和扶贫三个领域。但在我的旅行中，每一个领域我都曾接触过，而且颇为频繁，比如，我对杭州的这次访问恰逢这座城市举办杭州第4届亚残运会。在五四村，我见识到了最高效的地方行政服务，我在中国各地旅行过程中访问过许许多多个村庄，它是最佳地方行政服务的典范之一。

目标八：
进一步发挥浙江的人文优势，积极推进科教兴省、人才强省，加快建设文化大省。

我曾在不止一个场合表示，对于我而言，这是"八八战略"的八个目标中最重要的一个。一个社会，如果物质的繁荣导致道德和文化的衰落，其所反映出的则是领导的失败和社会的失败。很明显，中国决心不让这种情况发生——随着生活的日益富足和闲暇时间的增多，人民对文化艺术的欣赏水平和渴望程度只会提高，而不是下降。我与孔子第七十六代孙孔令立先生意义非凡的会面使我认识到，中国的文化确实是一种跨越数千年的文化，它从未中断，并且一直延续到了今天。我对天台的了解，及其与佛教、道教和"和合"价值观的联系也凸显了这一信息。

一个有才华的公民群体不仅会熟练掌握科学和技术，而且还会精通文化和艺术。文化和艺术不应仅是精英群体的专属，而应属于所有人。在我的旅行过程中，我不止一次地发现并感受到这一点，但在作为农民艺术家之乡的余东村，这种感受最为强烈和深刻。

在我回顾"八八战略"的整个过程中，有一点非常明显：所有我访问过的地方和所有我遇见的人都不是一次而是多次出现于我的描述中。这是因为，"八八战略"不是一套互不相干的、分散的目标，而是一个涵盖了社会、文化和经济生活各个重要方面、各部分密切协调的综合性战略。我可以满怀信心地在这个战略各个方面的实践上给浙江人民打出高分。他们的干劲和决心为他们的省份增光，也值得成为其他兄弟省份学习和效仿的榜样。显然，习近平总书记留在浙江的宝贵"财富"得到了传承和发扬。

江郎山（杨清泉摄）

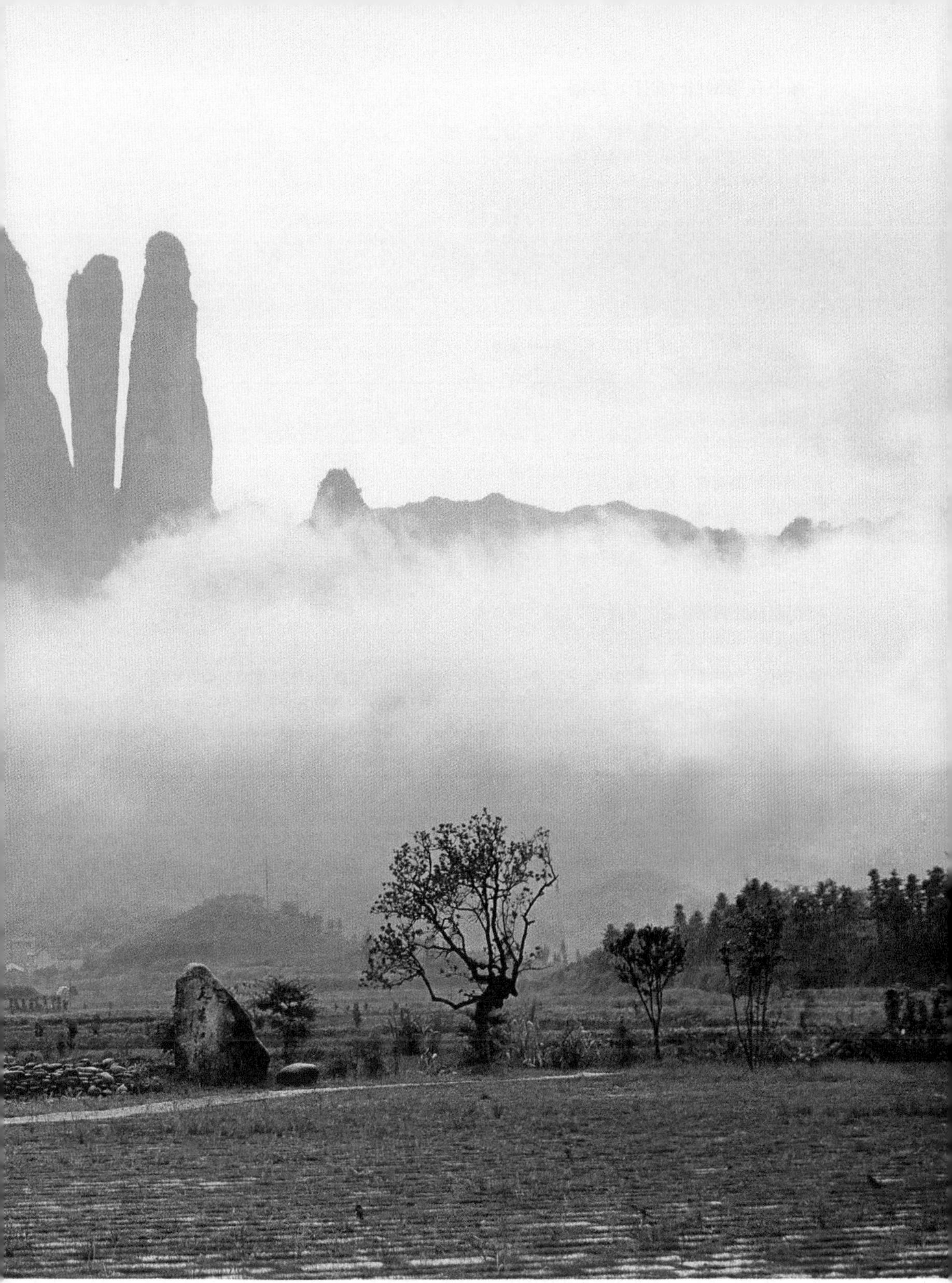

图书在版编目（CIP）数据

潮涌之江：中国发展看"浙"里 /（英）大卫·弗格森著；外文出版社英文编译部译 . -- 北京：外文出版社，2024.10
（外国人看中国 . 我的中国观）
ISBN 978-7-119-13921-0

Ⅰ.①潮⋯ Ⅱ.①大⋯ ②外⋯ Ⅲ.①浙江－概况 Ⅳ.① K925.5

中国国家版本馆 CIP 数据核字（2024）第 073797 号

出版指导：陆彩荣
出版统筹：胡开敏　许　荣

责任编辑：蔡莉莉　祝晓涵
特邀编辑：杨方璇　朱昱炫
中文翻译：张　磊　丁　立　吕文锦
中文定稿：王　琴　李　洋　侯福莉
中文审定：萧师铃
装帧设计：上海意众文化传播有限公司·胡海欧
印刷监制：章云天

图片提供：中共浙江省委宣传部　浙江省商务厅　宁波前湾新区管委会　中共德清县委宣传部
　　　　　中共安吉县委宣传部　中共衢州市柯城区委宣传部　中共龙游县委宣传部　中共台州市椒江区委宣传部
　　　　　阿里巴巴集团　浙江香满亭生物科技有限公司　浙江郡安里文旅发展有限公司　裸心集团　视觉中国
　　　　　白　羽　葛嘉仪　凌齐亮　卢　颖　孙金标　吴俊华　肖艳艳　徐正天
　　　　　许　军　杨清泉（以姓氏音序为序）

潮涌之江
中国发展看"浙"里

[英] 大卫·弗格森　著

©2024 外文出版社有限责任公司

出　版　人：胡开敏
出版发行：外文出版社有限责任公司
地　　　址：北京市西城区百万庄大街 24 号　　邮政编码：100037
网　　　址：http://www.flp.com.cn　　电子邮箱：flp@cipg.org.cn
电　　　话：008610-68320579（总编室）　　008610-68996167（编辑部）
　　　　　　008610-68995852（发行部）　　008610-68996185（投稿电话）
印　　　刷：鸿博昊天科技有限公司
经　　　销：新华书店 / 外文书店
开　　　本：787mm×1092mm　1/16
字　　　数：180 千
印　　　张：13.25
版　　　次：2024 年 10 月第 1 版第 1 次印刷
书　　　号：ISBN 978-7-119-13921-0
定　　　价：78.00 元

版权所有　侵权必究　如有印装问题本社负责调换（电话：68996172）